95
18

ASSOCIATION NATIONALE FRANÇAISE
POUR LA
PROTECTION LÉGALE DES TRAVAILLEURS

LA PART DU TRAVAIL

DANS LA

GESTION DES ENTREPRISES

EXAMEN DE LA IIe PARTIE DU PROJET

PAR

François FAGNOT

Chef des Enquêtes de l'Office du Travail

Compte-rendu des Discussions. — Vœux adoptés

FÉLIX ALCAN
MARCEL RIVIÈRE
ÉDITEURS

NOUVELLE SÉRIE : N° 18

PRIX : 3 FR. 50

COMITÉ DIRECTEUR DE L'ASSOCIATION

M. **A. MILLERAND**, président de la République, ancien président de l'Association, **président d'honneur.**

MM. Arthur **FONTAINE**, président du Conseil d'administration du Bureau international du Travail, **président.**

Ed. **BRIAT**, secrétaire général de la Chambre consultative des associations ouvrières de production, **vice-président.**

R. **LEGOUEZ**, vice-président de la Fédération des industriels et des commerçants français, **vice-président.**

Étienne **MARTIN SAINT-LÉON**, conservateur de la Bibliothèque du *Musée social*, **vice-président.**

Jean **LEROLLE**, avocat à la Cour d'appel, professeur de législation ouvrière à l'École Supérieure des sciences économiques et commerciales, **secrétaire général.**

Maurice **BOUTELOUP**, adjoint à la direction de la comptabilité au Commissariat général de l'Alsace et de la Lorraine, **trésorier.**

Louis **BARTHOU**, député.

Adéodat **BOISSARD**, député.

Henri **CAPITANT**, professeur à la Faculté de droit de Paris

François **FAGNOT**, chef des enquêtes à l'Office du Travail.

Justin **GODART**, député.

Georges **GOYAU**.

Arthur **GROUSSIER**, député.

Auguste **KEUFER**, membre du Conseil supérieur du Travail.

Abbé **LEMIRE**, député.

André **LICHTENBERGER**, directeur du *Musée social.*

G. **PERREAU**, ancien député, professeur à la Faculté de droit de l'Université de Paris.

Eugène **PETIT**, docteur en droit.

Paul **PIC**, professeur à la Faculté de droit de l'Université de Lyon.

Paul **STRAUSS**, sénateur, membre de l'Académie de Médecine.

Albert **THOMAS**, directeur du Bureau international du travail.

SIÈGE SOCIAL : **3, rue Las-Cases, PARIS, VIIe**

LA PART DU TRAVAIL

DANS LA

GESTION DES ENTREPRISES

R

9595

VIII 18

ASSOCIATION NATIONALE FRANÇAISE
POUR LA
PROTECTION LÉGALE DES TRAVAILLEURS

LA PART DU TRAVAIL

DANS LA

GESTION DES ENTREPRISES

EXAMEN DE LA IIe PARTIE DU PROJET

Rapport de M. François FAGNOT

Chef des Enquêtes de l'Office du Travail

PARIS

LIBRAIRIE FÉLIX ALCAN | MARCEL RIVIÈRE et Cie
MAISONS FÉLIX ALCAN & GUILLAUMIN réunies | LIBRAIRIE des SCIENCES POLITIQUES et SOCIALES
BOULEVARD SAINT-GERMAIN, 108 | RUE JACOB, 31

1921

EXAMEN DE LA II° PARTIE DU PROJET

Séance du 17 Avril 1920

La séance est ouverte à 4 h. 25.

M. LE PRÉSIDENT. — L'ordre du jour appelle la suite de la discussion du rapport de M. Fagnot, chef des enquêtes de l'Office du Travail, sur la question de la part du travail dans la gestion des entreprises. Les discussions vont porter sur la seconde partie du projet de vœux. Je lui donne la parole.

RAPPORT DE M. FRANÇOIS FAGNOT

I. — *Résumé des vœux adoptés en 1919* (1).

En reprenant aujourd'hui nos travaux, interrompus depuis l'an dernier, sur cette grave question de savoir si les délégués élus des travailleurs peuvent être admis à participer à la gestion des entreprises industrielles, vous estimerez sans doute qu'il convient de rappeler d'abord, dans leur forme et dans leur esprit, les vœux adoptés jusqu'ici et qui constituent la première partie du projet.

L'an dernier, au cours d'une discussion générale vrai-

---

(1) Voir le Tome Ier : *La part du travail dans la gestion des entreprises*, 1 vol., chez Félix Alcan et Marcel Rivière, éditeurs à Paris. — Prix : 4 fr. 50.

ment approfondie, des personnalités autorisées de l'industrie et du travail, ainsi que des hommes indépendants, ont exprimé leur opinion sur les divers aspects du problème posé.

Sur une question aussi délicate et aussi controversée à l'heure actuelle, en France comme à l'étranger, les divers orateurs ont émis des opinions très différentes et souvent très opposées. Cependant, à la fin de la discussion générale, la majorité de l'Association s'est prononcée pour le projet ; certes, il y a eu de l'opposition, mais la majorité s'est prononcée en faveur du principe de la réforme proposée. Il convient, je crois, de rappeler le texte adopté, afin de bien fixer la discussion qui doit s'engager aujourd'hui :

« Il est désirable que, dans toute entreprise industrielle occupant au moins 100 ouvriers ou employés, un Comité mixte soit institué, dans l'intérêt de l'entreprise comme dans celui du personnel. »

Les deux autres paragraphes du texte adopté (vœu A) ont une moindre importance et il n'est peut-être pas indispensable de les rappeler.

M. Legouez. — Le troisième paragraphe, cependant, a une certaine importance.

M. Fagnot. — Alors, je vais lire les deux paragraphes :

« Si un Comité mixte est utile dans toutes les grandes entreprises, il est particulièrement nécessaire dans les entreprises dirigées par une société anonyme ou une société civile à forme commerciale.

« Le Comité devrait comprendre : 1° des représentants du chef d'entreprise ou du Conseil d'administration de celle-ci ; 2° des représentants du personnel dirigeant et technique ; 3° des représentants du personnel ouvrier ou employé, de l'un ou de l'autre sexe. »

Tel est le texte intégral du vœu A qui tranche la question de principe ; c'est dire qu'il a été le résultat d'une véritable transaction entre les opinions assez divergentes qui ont été exprimées l'an dernier. Il suffit de parcourir le compte rendu des séances qui vient d'être distribué aux membres de l'Association pour constater des différences notables entre les premières propositions faites par le Rapporteur et les textes finalement adoptés.

Après le vœu de principe, l'Association en a adopté trois autres, qui découlent du premier.

Le vœu B est relatif à l'organisation du Comité mixte. Le Comité doit être composé d'un très petit nombre de personnes, afin de pouvoir mieux travailler. On a admis un minimum de 4 délégués du personnel et un maximum de 12.

Le 3° paragraphe a une importance réelle. D'après le texte adopté, les représentants du personnel, dans chaque entreprise, devront être élus par les ouvriers de l'entreprise elle-même. Il tranche ainsi une question très controversée et qui a reçu, il faut le dire, une solution différente en Angleterre où ce sont les délégués des syndicats ouvriers qui constituent le Comité mixte, du moins en ce qui concerne le Comité national et les Comités régionaux.

Il nous a semblé que, dans notre pays, pour tenir compte de nos mœurs et de nos habitudes d'esprit, le régime du suffrage personnel et direct — qui est à la base de toutes les institutions publiques — était celui qui convenait le mieux. Sur ce point, il y a eu accord : même les esprits qui soutenaient les opinions les plus avancées ont été sur ce point très conciliants : ils ont accepté que ce soit les délégués élus par le personnel lui-même qui seront chargés de discuter avec les représentants de l'entreprise toutes les questions rentrant dans les attributions du Comité.

Le vœu C est relatif au fonctionnement du Comité. Il ne contient qu'une disposition de quelque intérêt : le Comité mixte doit se réunir fréquemment et au minimum une fois par mois.

Le vœu D, adopté l'an dernier, est, après le vœu A, le plus important. Il s'agit de fixer les attributions du Comité mixte.

Après une longue discussion sur cette question essentielle, l'accord s'est fait entre nous sur les deux aspects du problème, son aspect positif et son aspect négatif : ainsi la pensée de notre Association se trouve complètement exprimée pour toute personne qui étudiera nos travaux et voudra les utiliser.

Nous avons d'abord examiné le point de savoir si les questions techniques et commerciales devaient faire partie des attributions des Comités mixtes. L'Association s'est prononcée pour l'affirmative. Elle a estimé que ces questions techniques et commerciales, avec lesquelles les travailleurs ne sont pas assez familiarisés jusqu'ici, devaient être examinées par les Comités mixtes en vue de leur faire discuter les questions relatives aux transformations d'outillage. En outre, l'Association estime que les questions techniques et commerciales, surtout les questions techniques, sont de nature à éclairer et à pacifier les esprits dans un grand nombre de cas. On voit, en effet, les réalités telles qu'elles sont lorsqu'on discute ces questions. Si la direction a des objections à faire sur une proposition, elle sera mieux comprise en s'appuyant sur des raisons techniques, de travail, d'agencement d'usine ; elle sera plus à même de calmer les esprits, de rétablir la paix si elle a été compromise.

Après les questions techniques et commerciales, les Comités mixtes auront naturellement dans leurs attributions les questions ouvrières proprement dites comprenant le statut du personnel dans le sens le plus général, et le texte en donne une longue énumération pour qu'il n'y ait aucun doute sur notre pensée : d'abord le taux des salaires et traitements, les tarifs aux pièces, les indemnités de toute nature, ainsi que la durée du travail ; ensuite, et ce point est particulièrement important, les sanctions disciplinaires et le règlement d'atelier ; enfin les questions relatives au recrutement de la main-d'œuvre étrangère, les mesures relatives à l'exécution des conventions collectives prévues par la récente loi du 25 mars 1919, l'examen des réclamations écrites faites par les employés et ouvriers de l'entreprise, y compris l'examen des différends d'ordre collectif, avec si possible leur règlement amiable par le Comité mixte lui-même.

L'Association a jugé utile de déclarer ensuite que certaines questions ne doivent pas être discutées par le Comité mixte, les unes n'étant point de sa compétence, les autres pouvant présenter de réels inconvénients pour la bonne marche des grandes entreprises industrielles. Ces questions sont de deux ordres : la gestion financière et l'embauchage et le renvoi du personnel.

L'Association a pensé que les questions relatives au capital engagé dans l'entreprise, au bilan, aux bénéfices et aux pertes ne doivent pas faire partie des attributions du Comité mixte, sous peine de créer tantôt des illusions, tantôt des déceptions également dangereuses.

La loi du 26 avril 1917 admet, sous une forme purement facultative, que, dans les sociétés anonymes, les délégués du personnel pourront prendre part à l'assemblée générale des actionnaires et même faire partie du conseil d'administration de la société. Dans les limites assez étroites de cette loi, les délégués du personnel pourront donc intervenir dans les questions relatives au capital engagé et aux bénéfices ou pertes.

Mais le projet adopté par l'Association est placé sur un autre terrain, sur celui du système Whitley, qui a dès maintenant donné des résultats importants en Angleterre. Il ne s'agit pas de bouleverser l'organisation industrielle actuelle ; il s'agit de la perfectionner en donnant aux ouvriers de la grande industrie un moyen régulier de faire entendre leurs avis et leurs observations dans toutes les questions ayant pour eux un intérêt direct.

Au surplus, dans notre pays, la plupart des grands industriels, ayant les qualités et les défauts de tous les Français, verraient avec la plus vive inquiétude que des délégués ouvriers sans compétence, sans préparation, ayant reçu quelquefois de leurs camarades un mandat impératif — ce qui ne peut se concevoir dans des questions de cette nature — puissent avoir un droit d'intervention dans la comptabilité et les résultats financiers de l'entreprise.

Les questions financières ont été écartées pour un autre motif : l'ouvrier n'a pas besoin de connaître le bilan de son patron pour obtenir des augmentations de salaire. Les événements auxquels nous assistons depuis quelque temps en sont une nouvelle démonstration. Dans les périodes de prospérité, quoi de plus facile — on pourrait presque dire de trop facile, à l'heure actuelle — pour le travailleur que de faire augmenter son salaire ? Par l'action syndicale, le contrat collectif, voire la grève, les travailleurs peuvent obtenir des augmentations de salaire et une meilleure répartition des bénéfices provenant en partie de leur activité. Faire intervenir les Comités mixtes dans la question des bénéfices de l'exploitation, c'est toucher à l'autorité de l'industriel sur un point très grave ; d'autre part, une telle attribution ne pourrait être donnée qu'à des personnes offrant les plus sérieuses garanties. L'Association a donc pensé que, pour l'instant du moins, il serait téméraire de demander aux grands industriels d'admettre, d'une manière générale — étant d'ailleurs entendu que tel industriel, dans un cas particulier, peut faire autrement — d'admettre que les délégués du personnel auront le droit de discuter les questions financières.

L'Association n'a pas admis non plus, au cours des débats de l'année dernière, que les Comités mixtes puissent discuter les questions relatives au recrutement des chefs et des ouvriers, hommes et femmes, et les questions corrélatives portant sur le renvoi d'un ou plusieurs ouvriers de l'établissement. Vous savez que ces questions d'embauchage et surtout de renvoi sont celles qui soulèvent les conflits les plus aigus. D'autre part, lorsqu'on demande que les délégués des travailleurs puissent intervenir dans la vie intérieure de la grande usine, il semble qu'il y ait lieu de faire une démarcation précise et formelle, de manière que la direction, dont l'autorité nous paraît nécessaire, conserve ses attributions essentielles.

On peut dire que les questions de renvoi, en particulier. peuvent revenir devant le Comité mixte, sous la forme d'un différend collectif. C'est vrai. Lorsqu'un différend se produit sur une question de renvoi, le Comité devient compétent ; c'est un différend collectif qu'il s'agit pour lui de régler. Mais il y a une différence très grande entre le fait d'admettre l'intervention du Comité mixte sous cette forme indirecte et le fait de l'admettre dans tous les cas ordinaires et de donner le droit aux délégués du personnel de discuter le recrutement ou le renvoi de telle ou telle catégorie d'ouvriers.

Tels sont les motifs principaux pour lesquels les vœux A, B, C et D ont été adoptés l'an dernier (1).

____

(1) Il convient de noter, à titre documentaire, que le Comité central des comités syndicalistes révolutionnaires — c'est-à-dire les éléments communistes de la C. G. T. — a publié, à la fin de juillet 1921, un projet d'organisation du contrôle ouvrier dans les établissements industriels.

En tête du projet, on lit cette déclaration :

« En raison de l'importance toute particulière que nous attachons au contrôle ouvrier, base de notre action immédiate, nous avons pensé qu'il convenait de consacrer une étude spéciale à cette question. »

Le projet se divise en six chapitres : 1° organes du contrôle ouvrier ; 2° constitution des organes de contrôle ; 3° attributions des organes de contrôle ; 4° coordination des organes de contrôle ; 5° liaison avec les organisations syndicales et le patronat ; 6° conclusions.

Le texte _in extenso_ du projet des C. S. R. a été publié par la _Journée Industrielle_, n° du 3 août 1921.

II. — *Examen du vœu E (intervention du Conseil consultatif du travail).*

Nous abordons maintenant l'examen de la seconde partie du projet. C'est en quelque sorte l'étage supérieur de l'édifice. Le rez-de-chaussée étant construit, il s'agit de voir s'il ne convient pas d'ajouter un étage pour terminer l'œuvre.

Nous sommes partis, vous le savez, du système adopté en Angleterre, du système Whitley, qui repose sur les bases suivantes : Dorénavant, dans chaque industrie, il y aura un Conseil national ayant qualité pour prescrire des règles applicables à tous les établissements de cette industrie, et ce Conseil national sera constitué par les délégués des syndicats de patrons et les délégués des syndicats d'ouvriers de la profession ou de l'industrie.

Dans chaque industrie, au-dessous du Conseil national, le système anglais comprend deux organes complémentaires : le Conseil régional et le Comité d'usine. Le premier ne fait qu'appliquer dans sa région les décisions du Conseil national. Quant au Comité d'usine, dont les attributions sont assez limitées, il est chargé d'assurer l'entente à l'intérieur de l'usine. Mais ni le Comité d'usine, ni le Conseil régional n'ont qualité pour traiter les grandes questions qui se posent entre patrons et ouvriers dans l'ensemble de la profession : les questions générales sont exclusivement réservées au Conseil national.

En Angleterre, le système Whitley n'a pas encore obtenu l'adhésion des syndicats ouvriers de certaines grandes industries, comme les chemins de fer, les mines, les dockers ; cependant, le système a fait des progrès sérieux et il est appliqué dans un grand nombre de branches industrielles.

Cette idée est audacieuse à beaucoup d'égards et, en ce qui nous concerne, il nous semble que, du premier coup, nous ne pouvons pas aller aussi loin que nos voisins. Mais nous reconnaissons que le Comité d'usine, tel qu'il résulte des vœux émis l'an dernier, serait une institution faible, friable, étroite, quelquefois mesquine, si ce Comité n'était pas rattaché à une institution ayant un caractère plus général et vraiment professionnel.

C'est ainsi que nous vous proposons, par le vœu E, la création d'un organe professionnel régional ; il ne s'agit même pas d'une création, mais seulement d'une utilisation de la loi du 17 juillet 1908 qui a institué les conseils consultatifs du travail. Le Conseil du travail, tel qu'il est défini par la loi, peut parfaitement remplir le rôle de conseil régional et de tribunal d'appel en quelque sorte pour les affaires sur lesquelles l'accord n'a pu s'établir entre les deux parties au sein du Comité mixte.

Voici le texte soumis à la discussion :

Vœu E

Toute affaire portant sur l'une des questions ouvrières énumérées ci-dessus et non réglée d'un commun accord par le Comité mixte peut être soumise par l'une des parties au Conseil consultatif du travail prévu par la loi du 17 juillet 1908.

Les deux parties du Comité mixte et le chef d'entreprise sont tenus de fournir au Conseil consultatif du travail, sur l'affaire qui lui est soumise, outre un extrait certifié conforme des procès-verbaux, tous documents et renseignements utiles.

Dans chaque affaire, le Conseil consultatif du travail est tenu de faire connaître son avis dans le délai maximum d'un mois après la date à laquelle il a été saisi.

Si l'une des parties s'oppose à l'examen d'une affaire par le Comité mixte, la question d'attributions sera réglée par le Conseil consultatif du travail.

Un Conseil consultatif du travail doit être constitué dès que, dans un département ou une région, cinq Comités mixtes existent dans les diverses professions similaires d'une même industrie.

Si les trois premiers paragraphes peuvent se passer de commentaires, j'appelle votre attention sur le 4ᵉ paragraphe qui donne au Conseil du travail qualité pour trancher les questions de compétence.

Dans une usine donnée, les délégués des ouvriers demandent à la direction que telle question soit traitée par le Comité mixte. Le patron répond : Non, cette question n'est pas dans les attributions du Comité mixte, tel que le règlement l'a institué.

Sur cette délicate question de compétence, une grève pourrait éclater. Le texte permet de dire aux ouvriers : Avant d'arriver au conflit, vous avez un organe professionnel compétent et impartial, le Conseil du travail, qui va trancher la question de compétence. Renvoyez-lui l'affaire et il se prononcera. Il y a tout lieu de penser que les deux parties s'inclineront devant la décision du Conseil du travail, celui-ci leur offrant toutes garanties.

Sur le fond, le Conseil consultatif du travail pourrait statuer sur les affaires non réglées par le Comité mixte. Pour saisir le Conseil du travail, il suffirait que l'une ou l'autre partie intervînt auprès dudit Conseil, les deux parties étant alors tenues de fournir à ce dernier tous documents et renseignements utiles pour lui permettre de statuer.

Dans l'état actuel de la loi, les avis du Conseil du travail n'ont aucune force exécutoire et toute décision rendue par lui restera donc facultative pour les deux parties. Bien que la loi de 1908 ne donne aucun pouvoir réel au Conseil du travail, on peut demander à cette institution de jouer le rôle important d'arbitre dans les affaires traitées au premier degré par les Comités mixtes. D'ailleurs, l'expérience tend à prouver que le Tribunal véritable, en dépit des sanctions dont il dispose, est fort peu apte à résoudre les contestations et les différends d'ordre collectif.

Le simple Conseil du travail, s'il est bien constitué, peut avoir une autorité réelle, c'est-à-dire une autorité morale, sur les patrons et les ouvriers de l'industrie qu'il représente. Et, même dépourvues de toute sanction, ses décisions seront respectées par les deux parties dans la mesure de l'autorité morale dont il jouira auprès de ses mandants. Cependant, sur la question de compétence, on pourrait admettre l'utilité de certaines sanctions relatives à l'obligation de suivre la procédure légale. La loi pourrait être complétée sur ce point, de façon que les Comités mixtes soient tenus de soumettre au Conseil du travail les questions litigieuses. Mais il ne paraît pas nécessaire d'obliger les parties à s'incliner devant les décisions du Conseil du travail.

En résumé, d'après le texte proposé, dans chaque profession ou industrie, le Conseil du travail serait chargé de statuer sur les questions non réglées par les Comités mixtes.

COMPTE RENDU DES DISCUSSIONS

M. le Président. — La discussion est ouverte sur le vœu E.

M. Gavelle. — Je remarque une différence de rédaction, qui me paraît avoir une importance considérable, entre le vœu D que nous avons admis l'année dernière, et le vœu E qui est en discussion actuellement. Le vœu D commence ainsi : « Les questions qui peuvent être examinées par le Comité mixte... » Vous donnez donc, par ce vœu D, une mission d'examen, simplement, aux Comités mixtes ; au contraire, dans le vœu E, vous leur donnez une mission de décision, puisque, si la décision n'est pas intervenue, vous êtes obligé d'aller en Cour d'appel. Je crois que cela mérite un examen. Je voudrais entendre les observations qui peuvent être faites pour et contre ; mais je crois que nous ne pouvons pas laisser passer et admettre un bond aussi prodigieux que celui existant entre les deux textes.

En effet, dans la rédaction du vœu E, le Comité mixte n'est plus seulement un Comité d'exécution représentant les deux parties et les laissant agir au mieux de leurs intérêts ; après cet examen, si les parties ne sont pas arrivées à se persuader, le Comité mixte devient un tribunal qui décide. Et si on n'accepte pas la décision de ce Tribunal, nous instituons un Tribunal d'appel qui décidera, lui, de façon probablement souveraine, si vous lui donnez cette attribution. Au contraire, il n'aurait qu'un caractère de conseil, si les parties restaient libres d'en appeler à un organe d'appel de sa décision.

Je crois que M. Fagnot a bien saisi toute la portée de mon observation ; j'attends que d'autres interventions se produisent pour voir s'il y a quelque chose à faire.

M. Legouez. — J'aurai également une question à poser. Lorsque ce texte a été rédigé, il y a plus d'un an, la situation n'était pas tout à fait la même que celle en présence de laquelle nous nous trouvons aujourd'hui. Nous sommes en présence d'un projet de loi sur l'arbitrage obligatoire, qui a peut-être quelque chance d'être voté par le Parlement ; or, il prévoit un organisme nouveau, différent du Conseil consultatif du travail. Il convient peut-être d'examiner si, dans certains cas, ce ne serait pas cet organisme, qui est, je crois, présidé par un juge et composé d'experts, qui devrait se substituer au Conseil consultatif du travail.

La question est un peu neuve, puisque c'est un projet de loi qui a paru il y a fort peu de temps ; mais il faudrait, je crois, y réfléchir.

M. Fagnot. — Un mot d'abord sur la question soulevée par M. Gavelle qui, si je ne me trompe, voudrait demander une modification du texte. C'est pour tenir compte de son observation — relativement au caractère facultatif de l'institution — que ledit caractère est affirmé deux fois dans le texte.

Un Comité mixte peut être constitué dans l'établissement ; nous n'en sommes que là et nous sommes dans la liberté absolue. Puis nous avons eu à définir les questions qui peuvent être soumises au Comité mixte. Pour faire comprendre notre pensée, nous avons énuméré les questions qui peuvent être soumises par les parties au Comité mixte, dont le rôle est purement facultatif. Enfin, estimant qu'il faut une institution d'appel, nous avons pensé au Conseil consultatif du travail. Mais, du moment que le Conseil du travail n'a pas de pouvoir de décision dans la loi et que nous n'en demandons pas pour lui, il m'apparaît qu'il y a harmonie entre le vœu D, voté il y a un an, et le vœu E actuellement en discussion.

M. Gavelle. — Mais, dans le paragraphe 4, vous dites : « Si l'une des parties s'oppose à l'examen d'une affaire par le Comité mixte, la question d'attributions sera réglée par le Conseil consultatif du travail ». Cela a bien un caractère impératif ?

M. Fagnot. — Il n'y a pas d'obligation étroite. Votre objection vaudra pour les industries dont nous parlerons tout à l'heure, et pour lesquelles nous proposerons un régime obligatoire. Alors, le système sera impératif. Pour l'instant, nous nous bornons à dire que les questions de compétence seront réglées par le Conseil du travail.

M. Gavelle. — J'aurais voté les quatre vœux que vous avez votés l'an dernier, si j'avais été présent. Mais j'estime qu'il y a un monde entre ces quatre vœux et celui présenté actuellement.

Je suis désireux que l'on constitue des Conseils du travail qui ne soient pas obligatoires. On les a constitués. Je voudrais que l'on conservât les Comités mixtes constitués dans les établissements, en définissant toutes les attributions qu'on a données à ces Comités, c'est-à-dire, à l'intérieur de l'établissement, de mener le débat entre le personnel et la direction. Je suis absolument partisan de cela. Il faut échanger des vues et il faut avoir des délégués qui ont le devoir de le faire.

On s'est constitué dans ces conditions-là, en se disant : c'est une méthode organisée pour examiner ensemble différentes questions et tâcher de nous mettre d'accord. Mais nous n'avons pas donné à l'organisme que nous avons constitué un pouvoir de décision entre nous ; nous lui avons donné un pouvoir de conciliation de l'un vis-à-vis de l'autre.

Aujourd'hui, si cette conciliation, si cette persuasion ne se produit pas, vous faites intervenir le Conseil consultatif du travail, vous faites résoudre un débat de l'usine par une partie ou une autorité étrangère ! C'est contre cela que je m'élève parce que je trouve que c'est sortir complètement de l'esprit de ce qui a été voté jusqu'ici.

M. Legouez. — C'est alors une objection de fond contre l'ensemble du vœu. Mais, dans les observations présentées par M. Gavello — je dis « les » observations avec intention —, il y en a deux très distinctes.

Le paragraphe : « Si l'une des parties s'oppose à l'exa- « men d'une affaire par le Comité mixte..... » constitue, bien entendu, un côté très particulier du problème posé. Il s'agit de savoir si le Comité mixte peut se refuser à l'examen d'une question. C'est un point du règlement intérieur du Comité. Dans le premier paragraphe, en effet, le mot « régler » est un peu différent de celui d' « examiner », qui se trouve dans le vœu D. Je crois que l'on pourrait rester dans l'esprit du vœu D, en disant : « ... à livrer ce désaccord à l'examen du Conseil « du travail »,' ou quelque chose d'analogue, pour bien montrer que c'est un examen. On maintiendrait ainsi ce principe de l'examen par un changement de rédaction.

La seconde observation est beaucoup plus large, et
M. Gavelle l'a élargie en considérant qu'à son avis il
faut s'arrêter au Comité d'usine, et en déclarant que
nous ne sommes pas mûrs pour un Comité d'appel, quel
qu'il soit.

M. GAVELLE. — Je tiens à bien préciser ma pensée.
J'estime qu'elle concorde avec les observations présentées par M. Legouez, au sujet du projet de loi sur l'arbitrage, soumis au Parlement en ce moment. A mon avis,
les questions qui ont surgi dans une usine, entre le
personnel et la direction, ne doivent pas, sans le consen-
tement réciproque du personnel et de la direction, sortir
de l'usine. J'aurai peut-être une opinion différente quand
nous ne nous trouverons plus en face d'un conflit dans
l'usine même, mais en présence d'un conflit entre la
classe ouvrière et la classe patronale, sur des questions
d'ordre général. Celles-ci pourraient être examinées par
un Conseil d'arbitrage.

Mais, quand il s'agit des détails infiniment multiples
de la vie de l'usine, j'estime qu'on les réglera d'autant
plus aisément dans le Comité mixte de l'usine quand on
saura que jamais cela ne peut sortir de là. On fera effort
pour se persuader, pour arriver à s'entendre au mieux,
et je suis absolument partisan du Comité mixte. Il est
de première nécessité dans la vie industrielle de tous les
jours.

Si l'on voit, au contraire, que les questions relatives à
la vie courante de l'établissement industriel peuvent
aller devant un Conseil consultatif, sortir ainsi de
l'usine et de ses contingences réciproques, alors on se
dira : « Mais je ne veux pas de Conseil d'usine ». On
empêcherait donc le Comité mixte de se former, par la

crainte que l'on aura de faire sortir de l'usine des questions que l'on ne veut pas porter au dehors.

M. Borderel. — Je crois qu'il y a intérêt à avoir un Tribunal d'appel. Il s'agit, en ce moment, du principe. Il conviendra, par la suite, de déterminer quel sera son rôle, quel sera son objet. Il y a peut-être intérêt, lorsqu'un différend naît entre le Conseil de l'usine et la direction, à avoir un arbitre. Nous avons accepté le principe de ces Conseils d'usine ; mais un différend peut surgir dans des questions d'ordre général. Alors, il sera peut-être intéressant qu'un Tribunal — appelez-le comme cela si vous voulez — un Tribunal en dehors des parties, tout à fait indépendant, qui jugera de plus haut et sans passion, départage les deux parties. Il peut être intéressant que ce Tribunal donne son avis, puisque ce n'est pas obligatoire. Je soutiendrais même la nécessité que cet avis devînt presque obligatoire, ou plutôt exécutoire. Je dis « presque », car il y aurait lieu de déterminer de façon assez précise quel sera le but de ce Tribunal, quelle sera sa compétence, quelles seront les questions qu'il aura à examiner.

J'entends bien que lorsqu'il y aura un différend au point de vue de l'installation de l'usine, la question ne sera pas portée devant un Tribunal d'appel. Mais, quand il s'agira de questions d'ordre un peu général, à mon sens, il ne serait pas mauvais que ce Tribunal, encore une fois séparé de la lutte, en dehors des parties, s'élevant au-dessus d'elles, puisse donner son avis en toute connaissance de cause, en toute impartialité. Du moins, pour ma part, je n'y vois aucun inconvénient.

M. Lerolle. — Je regrette de ne pas être d'accord,

aujourd'hui, avec M. Borderel. Je crois qu'il y aurait, au contraire, un inconvénient grave à constituer, avec le Conseil du travail, une sorte de Tribunal d'appel des décisions des Comités d'usine. Si nous voulons établir cette hiérarchie dans les Comités, il faut leur donner à chacun des missions distinctes et très distinctes.

Quest-ce que la Commission d'usine ? C'est ce qu'on appelait autrefois le Comité de consultation ; c'est une occasion pour les ouvriers et les patrons de se rencontrer, de se dire mutuellement ce qu'ils peuvent avoir sur le cœur, d'arriver, par des conversations intimes et loyales, à la solution cherchée. Mais la discussion ne peut porter que sur des questions relatives à la vie de l'usine.

Dans ma pensée, tout autre serait la mission des Comités régionaux. Les questions de personnel débordent très souvent la vie de l'usine ; il y aurait intérêt à ce que les questions générales soient réglées, non pas usine par usine, mais d'une façon régionale. C'est là qu'intervient le Comité régional, non pas comme Tribunal d'appel dans une question posée dans telle ou telle usine, mais bien comme organe régional pour fixer un règlement professionnel.

On pourrait faire intervenir le Tribunal d'appel dans une question d'usine, mais seulement lorsqu'il s'agirait d'une de ces questions professionnelles. Exemple : Dans une usine, les ouvriers prétendent que le règlement professionnel. édicté par le Comité régional, n'est pas appliqué ou est mal appliqué. Le Comité d'usine n'arrive pas à se mettre d'accord pour trancher la question. Dans ce cas, on pourrait aller devant le Conseil régional, parce qu'il s'agirait, non pas d'une question d'usine, mais d'une question professionnelle.

De même, au-dessus du Comité régional, on pourrait instituer un Comité national qui aurait les mêmes attributions pour régler, un peu comme la Cour de cassation à l'égard des Cours d'appel, les dispositions générales applicables à toute la France et à toutes les corporations. Ainsi, vous auriez des organes qui, à côté des institutions judiciaires, seraient chargés de régler les questions de réglementation du travail.

M. BORDEREL. — Oh ! nous ne sommes pas très loin d'être d'accord !

M. FAGNOT. — Je voudrais d'abord répondre à l'observation qu'a présentée tout à l'heure M. Legouez, en visant le projet de loi du Gouvernement sur l'arbitrage obligatoire. M. Legouez se demande si le texte de notre projet, qui a été rédigé l'an dernier, peut, sans modification, être discuté et adopté par vous, étant donné le dépôt de cet important projet de loi.

Si, dans notre projet, nous avons visé le Conseil du travail, c'est que nous l'avons trouvé dans la loi de 1908. Toutefois, on pourrait très bien, dans le texte, tenir compte du projet de loi sur l'arbitrage obligatoire, en se bornant à indiquer notre solution et en laissant au Parlement le soin de préciser les organes d'application, soit les Conseils du travail prévus par la loi de 1908, soit les Conseils de conciliation et d'arbitrage prévus par le projet de loi du Gouvernement.

D'ailleurs, il convient de rappeler que le projet de loi sur l'arbitrage ne rend obligatoire que la procédure et non pas les décisions et qu'ainsi il se rapproche beaucoup de notre système. Notre texte pourrait donc viser le Conseil consultatif du travail ou toute autre institution établie par la loi.

M. Lerolle. — On pourrait dire « organisme régional ».

M. Fagnot. — Sur le fond, il m'est fort agréable d'être d'accord avec M. Borderel et je regrette beaucoup de ne pas l'être avec M. Gavelle et avec M. Lerolle ; pourtant, j'espère que nous trouverons un terrain d'entente.

Comme M. Legouez l'a dit d'un mot, M. Lerolle voudrait nous voir adopter le système anglais. Mais si nous n'avons pas proposé ce dernier, c'est uniquement parce que nous croyons que chez nous ce système soulèverait les plus vives résistances. En tout cas, avec le Conseil du travail, nous proposons une institution qui offre les avantages qu'a exposés M. Borderel, avec une autorité et une expérience unanimement reconnues. M. Lerolle ne croit pas qu'il soit bon d'instituer un organe d'appel au-dessus du Comité d'usine, mais je suis certain que M. Lerolle voudra bien réfléchir aux raisons données par M. Borderel pour démontrer l'utilité de cet organe d'appel.

M. Lerolle. — Ce que je crains, c'est que beaucoup d'industriels — je ne dis pas du bâtiment, mais ailleurs — se demandent si, en instituant un Tribunal d'appel et en lui soumettant les décisions du Comité d'usine, ils seront encore maîtres chez eux. Ils se diront : C'est un Tribunal composé de nos concurrents qui, au dehors, va trancher nos questions intérieures, nos questions d'usines. Au contraire, si vous fondez un Conseil régional, avec des attributions générales ne comportant pas de décision sur des questions d'usines, le problème ne se présente plus du tout de la même façon.

M. Legouez. — C'est autre chose.

M. Lerolle. — Ce que je crains, c'est que vous souleviez des difficultés et qu'on ne constitue pas le Conseil d'usine pour ne pas avoir, au-dessus de soi, un Conseil pouvant intervenir dans l'usine.

M. Legouez. — Je me demande si le point que j'ai soulevé tout à l'heure, en faisant allusion au projet de loi sur l'arbitrage obligatoire, ne permettrait pas de laisser tomber ce vœu. En effet, si au Conseil d'usine un désaccord profond se produit, entre l'élément dirigeant et l'élément ouvrier, ce désaccord, s'il est réellement grave, amènera un commencement de conflit, c'est-à-dire l'intervention, le jeu de la loi sur l'arbitrage obligatoire, et nous avons ainsi l'équivalent du tribunal d'appel. Quand, au contraire, le désaccord portera sur un point secondaire, il pourra être réglé par le Comité d'usine, sans grève, ni fermeture d'usine, et sans qu'on soit obligé de faire sortir le point en litige de l'usine, comme le demande M. Lerolle. J'estime que le dépôt du projet de loi sur l'arbitrage obligatoire a diminué de beaucoup l'intérêt du vœu, tel qu'il avait été préparé il y a un an.

M. Gavelle. — Je m'associe tout à fait aux observations présentées par M. Legouez, et je voudrais donner un peu de sécurité à M. Fagnot qui va plus loin que je ne veux aller moi-même.

Je serais d'accord avec M. Borderel s'il avait établi une démarcation entre ce que j'appellerai les questions industrielles d'intérieur et celles d'extérieur. Cela tient précisément à ce que M. Borderel est dans l'industrie du bâtiment, alors que j'ai appartenu à des industries où la vie de l'établissement est infiniment plus concentrée.

Prenons par exemple, si vous le voulez bien, les Etablissements S..... qui occupent 5.000 ouvriers. Ces ouvriers forment, avec la direction, quelque chose de tout à fait indépendant et aucune comparaison n'est possible avec l'industrie du bâtiment où, au contraire, vous avez du personnel qui change continuellement de chantier. On ne peut pas avoir le même point de vue, quand on envisage les grands établissements industriels occupant plusieurs milliers d'ouvriers. Ceux-ci ne peuvent suivre que ce qu'ils voient et ils ont besoin de s'entendre avec la direction. Il y a donc intérêt à ce que soit constitué le Comité mixte. Si vous rendez ces Comités suspects à l'une des parties, vous allez empêcher qu'ils se constituent. Laissons à l'intérieur de l'usine ce qui est à l'intérieur, laissons régler les questions si possible par la persuasion, en Conseil mixte, et ne sortons pas de là.

Quand, au contraire, il se pose une de ces questions générales qu'avait dans sa pensée M. Borderel, évidemment, comme le dit M. Legouez, il faudra bien en venir, soit à la conciliation, soit à l'arbitrage, mais ce sont alors de tout autres organes. Le Conseil d'usine n'aura plus à intervenir.

Je crois qu'il faut limiter les Conseils d'usine à l'examen des débats intérieurs dans l'usine ; il faut en faire un organe de conciliation, essentiellement un organe de conciliation.

M. Fagnot. — En ce qui concerne la première question, traitée par M. Legouez, je me permettrai de faire une remarque. Je ne connais encore le projet de loi sur l'arbitrage obligatoire que d'une manière trop superficielle pour me permettre d'en parler avec assurance.

Cependant, on peut en déterminer les grandes lignes : Il vise essentiellement le conflit, et il veut le régler par des moyens modernes en vue d'éviter, sinon la grève, du moins ses conséquences préjudiciables pour le corps social, dans un certain nombre de professions et de services énumérés dans le projet de loi.

Notre projet vise un but à la fois plus général et moins grave. Il tend à régler la vie quotidienne de l'industrie. Il voudrait apporter, par le Comité mixte et le Conseil du travail, un élément de paix et d'organisation, un élément nouveau, en vue de régler les nombreuses questions courantes énumérées dans les attributions du Comité mixte. Le projet de loi vise la rupture, le conflit et la grève dans les grands services d'intérêt public. Nous, au contraire, nous voulons essayer d'empêcher le conflit de naître. Selon le précepte du médecin antique, nous voudrions prévenir au lieu de guérir. C'est une tâche d'une autre nature, et vous en appréciez le haut intérêt. Elle présente assurément un certain lien avec le projet de loi récent, mais on peut dire que l'un n'empêche pas l'autre. Nous en trouvons la preuve en Angleterre. Dans ce pays, les institutions de conciliation et d'arbitrage fonctionnent depuis longtemps et elles ont obtenu, sous des formes diverses, des résultats considérables. Et cependant, dans la crise très grave qui se déroule depuis 1916, et qui n'est pas encore terminée, tous les hommes de bonne volonté, patrons, ouvriers, parlementaires, indépendants, publicistes, ont ardemment recherché un instrument nouveau qui fût susceptible de conjurer une crise si dangereuse pour l'Angleterre et peu à peu l'opinion accorde sa confiance au système Whitley.

M. Legouez. — Lequel ne prévoit pas d'appel, justement parce qu'il y a des tribunaux de conciliation et d'arbitrage.

M. Fagnot. — L'Angleterre a finalement édifié, sous le nom de Conseil national mixte, un système par lequel, dans chaque industrie, un petit nombre de patrons et d'ouvriers, désignés par les syndicats, déterminent le statut des travailleurs dans cette industrie.

M. Legouez. — Je ne crois pas que le système anglais comporte un Tribunal d'appel. Le rôle respectivement confié au Comité d'usine, au Comité de district et au Comité national ne comporte pas d'appel. Le seul appel possible peut se faire, en cas de conflit, devant le Comité de conciliation et d'arbitrage. L'idée que j'émettais tout à l'heure est bien celle qui fonctionne en Angleterre, à savoir qu'il n'y a pas d'autre moyen d'appel que le Comité de conciliation et d'arbitrage. Autant que je le comprends, dans le système Whitley, il n'y a pas d'appel en cas de conflit du Comité d'usine au Comité de district ou au Comité national.

M. le Président. — J'ajouterai qu'il en est de même en Allemagne. D'après la loi récente de 1920, il est prévu que, s'il n'y a pas accord au Conseil d'entreprise, on peut avoir recours au Conseil de conciliation.

M. Fagnot. — Il est parfaitement exact que nous ayons l'idée d'établir une juridiction d'appel que ne comporte pas le système anglais, mais il importe de considérer que le système anglais repose sur des bases assez différentes. Dans ce système, tout se fait par en haut. En effet, dans chaque industrie (la chaussure, la poterie,

l'ébénisterie, etc.), les syndicats de patrons et les syndicats ouvriers élisent des délégués qui constituent un
Comité, un Conseil national, pour chaque industrie. Ce
Conseil national est investi du droit de fixer dans un
règlement les droits des travailleurs et leurs obligations
pour toute l'Angleterre. Voilà l'idée essentielle du système Whitley. Toutes les questions générales touchant
aux intérêts du personnel sont réglées par le Conseil
national de chaque industrie. Dès lors, il serait superflu
d'instituer un organe d'appel.

Comme il serait au moins prématuré de créer en
France un Conseil national par industrie, notre projet
tend simplement à donner quelque vie à une idée qui,
dans le monde du travail, remonte à plus de 5o ans,
l'idée du Conseil d'usine.

Il faut reconnaître que, dans notre pays, le Conseil
régional ou son équivalent n'a pas existé. Aussi M. Gavelle peut-il dire avec inquiétude : « Vous demandez
qu'on sorte les questions de l'usine pour les traiter
presque sur la place publique ». Cette crainte nous paraît
exagérée. Le Conseil du travail est un Conseil local ou
régional ayant un caractère professionnel strict ; d'autre
part, la loi ne lui accorde aucun pouvoir de décision, ce
que regrette d'ailleurs M. Borderel. Ce Conseil consultatif est composé de délégués de la profession, patrons et
ouvriers, habitant la localité ou la région. Il a pour
mission d'essayer de trouver une solution aux questions
non réglées par les Comités mixtes. S'il ne réussit pas
ou même si l'une des parties ne veut pas s'incliner
devant l'avis du Conseil du travail, chacun conserve sa
liberté et peut recourir aux armes habituelles, c'est-à-
dire au conflit.

En définitive, il s'agit de créer, entre les patrons et les ouvriers, un organe permanent de collaboration : c'est le Comité mixte. Ensuite, en cas de désaccord au sein du Comité mixte, il s'agit de faire appel au Conseil du travail, c'est-à-dire à une autorité professionnelle, pour essayer de faire prévaloir la raison et la modération sur le conflit et la force toujours brutale.

Si le projet vise les Conseils du travail et essaye de leur infuser un peu de vie, c'est parce que la loi du 17 juillet 1908 leur donne pour mission de représenter les intérêts matériels et moraux de leurs commettants. Donc, dans la profession où existeront des Comités mixtes et un Conseil consultatif du travail, ce dernier aura les attributions demandées par M. Lerolle. La seule question qui se pose est celle de savoir si les Conseils du travail ne devraient pas être investis du droit de rendre, dans les affaires des Comités mixtes, des décisions ayant force exécutoire.

M. LEROLLE. — Il faut leur donner, en plus, des attributions d'arbitrage.

M. FAGNOT. — Arbitrage facultatif ou arbitrage obligatoire ? En tout cas, il faut maintenant que vous acceptiez ou que vous repoussiez la seconde partie du projet qui tend à placer, au-dessus des Comités mixtes, un organe professionnel chargé de donner un avis motivé et autorisé sur les affaires non réglées par ces Comités, organe professionnel qui pourrait être le Conseil du travail prévu et organisé par la loi du 17 juillet 1908. Le Conseil du travail, autorité professionnelle, serait ainsi chargé de maintenir l'entente et la paix dans la profession.

M. Gavello a cité comme exemple un très grand établissement industriel. Il n'y a dans notre pays, malheureusement ou heureusement, qu'un très petit nombre d'établissements occupant plus de 5.000 ouvriers. D'après la statistique officielle, notre projet, qui n'est applicable qu'aux établissements occupant au moins 100 ouvriers ou employés, vise, pour toute la France, moins de 5.000 établissements. Il est vrai que ces 5.000 établissements emploient au total 2 millions d'ouvriers, et que chez eux les problèmes sociaux revêtent souvent une étendue et une acuité extrêmes.

Dans les centres de métallurgie comme la Loire ou la région de l'Est, dans les cités de l'industrie textile du Nord, dans les centres de chaussures comme Limoges, où la vie sociale est si intense, il faut des organes spéciaux pour maintenir ou rétablir un minimum de paix et d'entente entre la direction des grands établissements et la masse de leurs ouvriers. Dans chaque grand établissement, un Comité mixte est nécessaire, on pourrait dire indispensable, mais ce Comité mixte ne suffit pas. Pour régler de telles forces sociales, il faut en outre un lien commun, une autorité professionnelle, dans chaque industrie, et nous proposons de confier ce rôle difficile et important au Conseil du travail. C'est là assurément une nouveauté, mais, au fond, cette nouveauté ne comporte ni audace ni témérité. Un Comité mixte n'a pas réglé une question ; est-ce que le conflit doit éclater sans délai ? Nous répondons, avec le projet, non : allez d'abord devant le Conseil du travail. Connaissant notre tempérament national, sachant que le Français, qu'il soit patron ou ouvrier, s'emporte comme une soupe au lait, nous organisons des délais pour permettre à la réflexion et à la raison froide de conserver leurs droits. Tel est l'intérêt du Conseil du travail, agissant comme Tribunal d'appel. Il permet de dire aux deux parties : Vous ne vous êtes pas mises d'accord au Comité mixte. Allez-vous dès demain faire grève, fermer l'usine ? Non. Vous avez un recours devant le Conseil du travail : soumettez-lui votre différend.

M. Borderel. — En pratique, c'est comme cela que les choses se passent. Si j'ai parlé tout à l'heure du bâtiment, c'est parce que je le connais mieux que toute autre industrie. À l'heure actuelle, il y a une évolution certaine qu'il faut regarder en face, dont il faut faire son profit. Quand nous avons des conflits — hélas ! dans notre industrie, cela arrive de plus en plus fréquemment — qu'est-ce que nous faisons ? Nous commençons par nous réunir entre patrons et ouvriers.

Il y a quelques jours encore, nous avons passé tout un après-midi au Ministère du Travail pour nous mettre d'accord sur un point particulier.

Quand on ne se met pas d'accord entre patrons et ouvriers, qu'est-ce qu'on fait ? On va trouver le Ministre, qui est obligé d'être conciliant. Il vous donne de l'eau bénite de cour, il tâche de faire faire un pas à droite, un pas à gauche, il essaie de nous mettre d'accord. Mais il est sérieusement influencé, malgré ses bonnes dispositions, malgré le désir qu'il a de rendre une justice aussi droite que possible, il est forcément influencé par la politique.

Or, pour ma part, cela ne me convient pas du tout de voir un Ministre qui fait de l'arbitrage. J'aimerais beaucoup mieux — et là je suis d'accord avec M. Gavelle — que l'on déterminât les cas qui seront soumis au Conseil du travail. Gar j'aime beaucoup mieux m'en rapporter à ce Conseil, composé d'hommes libres, indépendants, en dehors de la fièvre des partis politiques, qu'à un Ministre. En ce moment, je ne fais pas de personnalité, mais je préfère cette solution du Conseil du travail à celle d'un Ministre, d'un homme politique qui a toujours une idée de derrière la tête, soit d'un côté, soit de l'autre.

M. Gavelle. — Je crois qu'il y a dans la pensée de M. Fagnot une idée qui est commune avec celle que j'ai moi-même. Dans le texte du vœu E, il a cherché à donner une activité au Conseil consultatif du travail qui, jusqu'ici, existe plutôt sur le papier qu'en réalité.

Je peux parler de ces Conseils avec quelque compétence puisque, non pas en vertu de la loi de 1908, mais en vertu d'un décret qui, si je ne me trompe, date de 1903, quelques Conseils du travail ont été constitués, et que j'ai eu l'honneur de présider l'un de ces Conseils qui existait à Paris. J'ai pu, par conséquent, me rendre compte de la façon dont il est possible qu'ils fonctionnent. Nous avons eu notamment deux questions à examiner : celle du chômage et celle de l'apprentissage. Malheureusement, ces Conseils ont été supprimés et n'ont pas été remplacés. Une loi est intervenue, les Conseils qui avaient été constitués en vertu du décret n'ayant pu fonctionner. Il avait été dit qu'on convoquerait une nouvelle session ; jamais il n'y en a eu depuis.

Je vous assure que nous avons eu des séances laborieuses ; nous avons travaillé en très bonne entente entre patrons et ouvriers. Mais je me demande quelle aurait été notre situation, si l'un de nous était venu apporter, au lieu de questions intéressant la corporation, des questions intéressant un établissement particulier. Immédiatement, cela aurait amené la zizanie parmi nous.

J'estime donc qu'au vœu E, il y aurait lieu de substituer quelque chose. Je demande qu'il y ait une autorité, — je ne veux pas employer le mot Tribunal, puisqu'il ne s'applique pas du tout à l'idée que nous avons en vue — mais je voudrais que cette autorité fût confiée à un Conseil de conciliation. J'aimerais beaucoup voir l'Association pour la protection légale des travailleurs insister pour qu'un Conseil consultatif du travail, un Conseil local, soit constitué de façon très large, et qu'il soit appelé à donner son avis, chaque fois qu'il serait saisi, par les ouvriers ou par les patrons, d'une question intéressant une profession de la région, y compris les questions qui, précisément, n'auraient pu être résolues par les Comités d'usine. Il serait saisi de ces questions sous l'aspect général que visait tout à l'heure M. Borderel, et non pas sous l'aspect du débat dans l'usine.

M. Fagnot disait tout à l'heure : les grands établissements sont peu nombreux en France. J'ai appartenu à une usine qui occupait 3oo ouvriers ; celles-là sont légion en France. Dans la même ville, il y avait deux établissements, le mien et celui d'un de mes confrères. Je vous garantis que si, quand il y avait un débat entre le personnel et la direction de l'un de nos établissements, il avait fallu que ce soit le Conseil de cet établissement qui fasse appel au confrère d'à côté, vous auriez mis la zizanie au lieu de l'accord entre nous. Par conséquent, je propose ceci : Emettez un vœu disant que le Conseil consultatif du travail pourra donner son avis pour obtenir la conciliation : je m'y rallie très volontiers.

Mais ne dites pas que tout ce qui serait conflit intérieur dans l'usine sera examiné à nouveau par ce Conseil. Dites au contraire que, dans les cas où l'intérêt spécial d'une usine touchera en même temps l'intérêt de la corporation dans la région, la question sera examinée par le Conseil consultatif du travail.

M. LE PRÉSIDENT. — Peut-être va-t-on pouvoir, après les explications qui viennent d'être données avec tant de précision et d'une manière si complète, arriver à donner aux diverses opinions qui se sont formulées une expression très nette. M. Gavelle voudrait-il déposer un amendement tendant à donner une autre forme au vœu E ?

M. GAVELLE. — Je m'associerai à la proposition de M. Legouez, tout simplement, en ce qui concerne le vœu E en tant qu'il prévoit un organisme d'appel.

Je demanderai qu'on veuille bien réserver pour la prochaine séance — car il est probable que nous n'aurons pas le temps de finir aujourd'hui — la décision à prendre, en demandant à M. Fagnot, qui a une compétence toute particulière sur la question, de nous apporter un vœu s'inspirant de la discussion qui a eu lieu aujourd'hui. Une rédaction hâtive risquerait d'être imparfaite, et je crois qu'en procédant ainsi nous arriverons à un résultat meilleur.

M. LE PRÉSIDENT. — Si je comprends bien, vous proposez l'ajournement du vœu E. Cela exige un vote, parce que si M. Fagnot demande que le vœu actuel soit mis aux voix — et c'est son droit — nous ne pouvons que nous incliner.

M. FAGNOT. — Après examen, tout à l'heure, avec

M. Legouez, nous avons envisagé un texte du vœu E, qui semble constituer une assez grande transaction. Dans notre pensée — qui est celle de M. Lerolle et sur laquelle s'appuie également M. Gavelle — nous cherchons à avoir un organe placé au-dessus du Comité mixte. M. Gavelle n'a pas voulu, et personne n'a voulu d'ailleurs, faire d'opposition contre cette idée essentielle. Je crois que, sur ce point, nous sommes bien d'accord ?

M. Gavelle. — Je ne fais pas d'opposition, mais je ne puis accepter l'institution d'un Conseil du travail avec les attributions que vous lui donnez.

M. Fagnot. — Nous pourrions peut-être nous mettre d'accord. Nous maintiendrions le vœu E, mais en le modifiant sur deux points. Voici le nouveau texte :

« Toute affaire portant sur l'une des questions ouvrières énumérées ci-dessus et dont l'examen par le Comité mixte n'a pas donné de résultat, peut être soumise par l'une des parties au Conseil consultatif du travail prévu par la loi du 17 juillet 1908, sauf s'il s'agit d'une affaire qui, par sa nature, relève d'une autre institution créée par la loi ».

Ce dernier point vise l'arbitrage obligatoire.

Voici les autres paragraphes du vœu E modifié. Les paragraphes 2, 3 et 5 n'ont subi aucun changement. Le nouveau texte du 4° paragraphe tient compte des objections de MM. Lerolle et Gavelle :

« Les deux parties du Comité mixte et le chef d'entreprise sont tenus de fournir au Conseil consultatif du travail, sur l'affaire qui lui est soumise, outre un extrait certifié conforme des procès-verbaux, tous documents et renseignements utiles.

« Dans chaque affaire, le Conseil consultatif du travail est tenu de faire connaître son avis dans le délai maximum d'un mois après la date à laquelle il a été saisi.

« Si l'une des parties s'oppose à l'examen d'une affaire par le Comité mixte, la question d'attributions pourra être réglée par le Conseil consultatif du travail.

« Un Conseil consultatif du travail doit être constitué dès que, dans un département ou une région, cinq Comités mixtes existent dans les diverses professions similaire d'une même industrie ».

M. Gavelle. — M. Fagnot a passé sur le second paragraphe qui me paraît d'une importance considérable. Il stipule, en effet, que « les deux parties du Comité mixte et le chef d'entreprise sont tenus de fournir au Conseil du travail tous documents et renseignements utiles ». Or, dans les questions qu'examineront les Commissions mixtes, il y a des choses que l'industriel a le plus grand intérêt à ne pas voir sortir de son usine.

M. Legouez. — Puisque ce n'est pas obligatoire, il n'a qu'à ne pas accepter l'invitation.

M. Gavelle. — On dit : les deux parties sont tenues de fournir.

M. Legouez. — Dans le cas où l'on va devant le Conseil consultatif, mais si l'on n'y va pas ?

M. Gavelle. — Si l'on peut refuser d'aller devant le Conseil consultatif, nous sommes d'accord, mais il faut l'indiquer d'une façon précise.

M. FAGNOT. — Le texte dit : « Toute affaire *peut* être soumise par l'une des parties ».

M. GAVELLE. — Si l'une des parties veut la porter, et que l'autre ne veuille pas, celle-ci est soumise tout de même ? Elle doit néanmoins fournir des renseignements ?

M. FAGNOT. — Votre objection sera à sa place, avec toute sa valeur, quand nous examinerons s'il y a lieu de rendre le système obligatoire dans certaines industries. Mais, pour l'instant, c'est facultatif.

M. GAVELLE. — Je vous demande de préciser ceci : L'une des parties dit : Nous allons aller devant le Conseil consultatif et l'autre répond : Je ne veux pas y aller. Dans ce cas, que va-t-il se passer ?

M. FAGNOT. — Dans ce cas, rien ne se passe, sauf la grève qui peut éclater. Ce n'est pas cela que vous voulez ?

M. GAVELLE. — Il n'est pas question de grève là-dedans.

M. FAGNOT. — Nous, c'est ce qui nous intéresse.

M. GAVELLE. — Je suis tout à fait d'avis que, avant la grève, obligatoirement, on aille devant un Conseil de conciliation ; mais, si les choses ne s'arrangent pas, la grève peut éclater après. Tout ce qui trouvera le moyen de faire la conciliation avant la grève me trouvera un partisan des plus chauds. Il ne s'agit pas de grève. S'il s'agit d'une pratique, d'un procédé de fabrication que les ouvriers ne veulent pas admettre, et que le patron, lui, considère comme nécessaire, il ne voudra pas que ce procédé spécial aille devant le Conseil de conciliation.

M. Legouez. — Il ne s'agit, en l'espèce, que des questions ouvrières.

M. Gavelle. — Dans la pratique, le patron fait un règlement dans son atelier. Les ouvriers l'acceptent. Mais si, plus tard, on veut modifier ce règlement, et que la modification ne soit pas acceptée, que se passera-t-il ?

M. Fagnot. — Je m'en rapporte à M. Borderel.

M. Gavelle. — M. Borderel est d'une industrie toute différente de la nôtre, d'une industrie où le personnel est essentiellement changeant. Le nôtre, celui que j'ai en vue — et il y a un nombre considérable de ces industries en France — ne peut pas vivre si le personnel ne reste pas dans l'usine. Il faut tout de même maintenir un pont entre ces gens-là. La grève viendra du fait que le conflit ne se résoudra pas, mais on ne fera pas grève. Dans ces industries-là, il n'y a pas de grève.

M. Fagnot. — Vous avez de la chance !

M. le Président. — Je vous demande de vouloir bien abréger la discussion, Messieurs, parce que l'heure nous presse.

Mme Brunswick. — Ne trouvez-vous pas qu'il ne peut pas y avoir, dans le Conseil consultatif, une juridiction absolument semblable à celle d'un Conseil d'arbitrage obligatoire ? Pour moi, ce qu'il faut demander au rapport de M. Fagnot, c'est qu'il donne une définition exacte de la procédure d'arbitrage obligatoire. Il semble que le Conseil que vous prévoyez serait seulement facultatif. Dans le cas seulement où l'on ne s'entendrait pas dans le Comité d'usine, il y aurait lieu de se tourner vers l'arbitrage obligatoire.

Si ce n'est pas comme cela que vous envisagez la question, je crois que vous allez établir quelque chose qui sera entre l'arbitrage obligatoire et le recours facultatif.

M. Legouez. — Je crois qu'il faudrait laisser à M. Fagnot le soin de mettre la rédaction au point. Il semble se dégager de la discussion qu'il y aura deux catégories de questions : celles qui sortiront du Comité mixte et qui, parce qu'elles peuvent soulever un conflit, relèvent de l'arbitrage obligatoire, et celles, toutes professionnelles, qui, sans causer de fièvre grave, doivent être réglées au plus tôt en dehors de l'arbitrage obligatoire.

M. le Président. — M. Fagnot accepte-t-il la remise à huitaine pour un nouvel examen du vœu, ou désire-t-il la mise aux voix du vœu E ?

Mme Michel. — Permettez-moi, à propos du Conseil consultatif du travail, de dire quelques mots. Il y en a déjà eu, et les patrons ne venaient pas. J'en ai fait partie, et principalement du côté des banques, des compagnies d'assurances, on ne s'est pas entendu très souvent. Dans les autres branches, c'était à peu près la même chose. Cela se passait vers 1902-1903.

Je demanderai, à propos de ces Conseils consultatifs du travail, qu'on essaie d'organiser quelque chose pour que, du côté patronal, on soit tenu d'être présent aux discussions.

M. Legouez. — Oh ! les idées ont évolué depuis ce temps-là.

Mme Michel. — Pardon, peut-être pas pour tout le monde.

M. Fagnot. — L'année dernière, nous avons travaillé et abouti à un volume assez important sur la question. Cette année, le Musée social n'a pu mettre cette salle à notre disposition que pour deux séances.

Il me semble que, sur le vœu E, nous devrions nous mettre d'accord dans la séance d'aujourd'hui. Samedi prochain, il nous resterait à examiner les autres vœux proposés. D'ici là, nous pourrions, avec l'aide de M. Legouez qui possède parfaitement la question, examiner de près les textes en vue de faciliter la discussion.

Vous pourriez adopter le texte modifié du vœu E, car, samedi prochain, la séance sera très chargée par la question de savoir s'il y a lieu de rendre le système obligatoire ou s'il convient de laisser la liberté complète. C'est une question importante sur laquelle l'Association doit se prononcer.

M. Legouez. — D'après le texte proposé, si l'une des parties désire aller devant le Conseil consultatif, l'autre partie est appelée à se prononcer et, si elle y consent, le Conseil du travail est saisi de l'affaire. Jusqu'ici, ce n'est pas obligatoire.

Si un conflit existe, et qu'aucune des deux parties ne demande à aller devant le Conseil consultatif, le cas est réglé par le texte : le système ne joue pas. Troisième cas : si l'une des parties refuse d'aller devant le Conseil du travail, l'autre partie peut maintenir sa demande et le Conseil peut intervenir pour essayer de régler le différend. A cette thèse, M. Gavelle a fait des objections. Il voudrait que l'on indique : « Si les deux parties sont d'accord pour aller devant le Conseil consultatif... » C'est le point sur lequel il faudrait voter.

M. LE PRÉSIDENT. — Je me joins à ce qu'a dit M. Fagnot. Quoique ces discussions soient intéressantes, il serait bon de tâcher de les comprimer dans une certaine mesure, non seulement à cause du budget de l'Association, mais à cause de la besogne à accomplir. Nous sommes tenus, hélas ! d'envisager cette question du budget, car ces discussions donnent lieu à un compte rendu sténographique, et il est bon d'en tenir compte dans l'ampleur des échanges de vue.

M. LEGOUEZ. — Il faudrait envisager la question de principe. Le premier paragraphe disait : « peut être soumis au Conseil consultatif par l'une des parties. »

M. FAGNOT. — Dans le vote que vous allez émettre, ceux qui se prononceront *pour* voteront pour le système du projet qui est contraire à celui de M. Gavelle ; ceux qui voteront *contre* se prononceront pour le système de M. Gavelle. Le système du projet peut se résumer comme suit : Si l'une des parties demande que l'affaire soit portée devant le Conseil consultatif du travail, ce Conseil est saisi et il devra faire son possible pour régler l'affaire. Dans le système de M. Gavelle, il faut au préalable accord entre les parties pour décider que l'affaire peut être soumise au Conseil. Donc, ceux qui ne veulent pas aller jusqu'à cette obligation, pourtant très réduite, devront voter contre le vœu.

M. Gavelle. — Ma pensée est celle-ci : C'est qu'un débat qui ne vise que l'intérieur de l'usine ne peut pas sortir de l'usine, à moins que les deux parties ne soient d'accord. Mais qu'au contraire, si le conflit ne porte pas sur une question intérieure, mais extérieure, une question d'ordre corporatif, j'admets, dans ce cas-là, qu'on en sorte, même sur l'initiative d'une seule des parties. En un mot, obligation seulement pour les choses extérieures, mais non pour les questions intérieures de l'usine.

M. le Président. — On peut considérer, si je ne me trompe, que tout le monde est d'accord pour que la question contestée puisse être portée devant le Conseil consultatif du travail, quand il s'agit d'une question d'ordre général. C'est un point acquis. Reste à savoir si l'on admet, avec M. Fagnot, le droit d'appel pour des questions ayant trait aux affaires intérieures de l'usine.

M. Fagnot. — Pour être précis, toutes les questions ouvrières comprises dans les attributions du Comité mixte, toutes les questions ouvrières énumérées au vœu D, qui a été voté l'an dernier, toutes ces questions ouvrières sont considérées par le vœu E modifié comme pouvant faire l'objet, de la part de l'une des parties, d'un appel devant le Conseil du travail.

M. Gavelle. — Ce qui m'offusque surtout, c'est votre paragraphe 2. Vous dites en effet : Les deux parties sont tenues de fournir au Conseil du travail tous documents et renseignements utiles. Ainsi, il peut y avoir des renseignements qui devront sortir de l'usine, contre la volonté de son chef, et c'est contre cela que je m'élève.

M. le Président. — Il y a deux textes en présence. Celui de de M. Fagnot qui admet, pour toutes les questions ouvrières énumérées au vœu D, le droit d'appel devant le Conseil consultatif du travail. Puis une thèse contraire, celle de M. Gavelle, qui n'admet que les questions d'ordre général. Que ceux qui sont partisans du texte de M. Fagnot veuillent bien lever la main.

M. le Président. — Le texte de M. Fagnot est adopté.

Un délégué. — Il convient de signaler que l'Assemblée est très peu nombreuse au moment du vote.

M. Gavelle. — Je crois que si M. Fagnot voulait modifier légèrement sa rédaction, nous serions tout à fait unanimes pour l'approuver.

M. le Président. — M. Fagnot verra s'il peut, samedi prochain, proposer une nouvelle rédaction du vœu adopté.

(La séance est levée à 6 h. 10).

Séance du 24 Avril 1920

Présidence de M. MARTIN-SAINT-LÉON, vice-président

La séance est ouverte à 4 h. 3o.

M. FAGNOT. — La dernière séance a dû être entièrement consacrée à l'examen du vœu E, relatif à la mission que peuvent utilement remplir les Conseils consultatifs du travail, autorité professionnelle locale ou régionale, pour régler amiablement les questions sur lesquelles un accord n'a pu se faire dans les Comités mixtes d'usine. La séance d'aujourd'hui nous permettra sans aucun doute d'achever l'examen des vœux proposés qui, au nombre de trois, ne portent plus que sur une seule question difficile.

Avant d'aborder celle-ci, l'assemblée doit d'abord se prononcer sur le vœu F dont voici le projet :

Vœu F

Des dispositions spéciales doivent être édictées par la loi en vue d'assurer la création et le fonctionnement des Comités mixtes et des Conseils du travail dans les grands réseaux de chemins de fer, les entreprises de transport maritime, les entreprises de production et de distribution d'énergie électrique.

Pour les grands réseaux de chemins de fer, une solution convenable se trouve dans le projet de loi arrêté le 13 novembre 1911, sur le rapport de M. Millerand, par la Commission du Travail de la Chambre.

Il s'agit d'appeler l'attention du Parlement sur les dispositions spéciales à prendre pour adapter le système des Comités mixtes ou des délégués du personnel à trois catégories de grandes entreprises qui, par leur organisation technique comme par leur fonctionnement, ne peuvent pas être assimilées aux entreprises industrielles ordinaires : les réseaux de chemin de fer, les compagnies de navigation et les compagnies d'électricité.

Dans la séance précédente, M. Legouez et plusieurs autres orateurs ont fait remarquer que notre projet se trouvait assez directement influencé par un événement récent : le dépôt par le Gouvernement du projet de loi sur l'arbitrage obligatoire dans les industries et services d'intérêt public.

Il est certain que, pour les industries visées par le vœu F, ce projet de loi tend à réaliser notre système sous une forme qui, pour être différente, comporte cependant des points communs essentiels. Il en est ainsi, en particulier, pour les chemins de fer où dès maintenant fonctionne et délibère, au Ministère des Travaux publics, une Commission mixte supérieure dans laquelle sont largement représentés les compagnies et les syndicats des employés, au point que cette commission peut être considérée comme une institution assez analogue au Comité national mixte du système anglais.

Etant donnés ces faits, le vœu F a heureusement perdu une grande partie de son intérêt et il convient peut-être de l'abandonner.

M. Legouez. — C'est tout à fait mon avis. Pour les chemins de fer, l'essentiel du projet de l'Association est en voie de réalisation. Pour les deux autres industries, il y aurait lieu de faire beaucoup de réserves sur l'intervention de la loi en cette matière dans ces industries. En tout cas, le projet de loi sur l'arbitrage obligatoire rend le vœu F à peu près inutile.

M. LE PRÉSIDENT. — D'un commun accord, le vœu F est retiré.

M. FAGNOT. — Avec le vœu G, nous abordons la difficile question de savoir si le système des Comités mixtes et des Conseils du travail, tel qu'il résulte des vœux précédemment adoptés, doit être rendu obligatoire ou s'il y a lieu, au contraire, de faire confiance aux intéressés, aux patrons notamment, pour que le système soit peu à peu appliqué dans les grands établissements industriels. Voici le texte proposé :

Vœu G

Il est préférable de compter sur la bonne volonté des chefs d'entreprise, stimulée au besoin par l'action syndicale des travailleurs, pour assurer la création et le fonctionnement de Comités mixtes dans les grandes entreprises.

La loi doit se borner à régler la constitution, le fonctionnement et les attributions des Comités mixtes.

Toutefois, le Comité mixte doit être rendu obligatoire dans les grandes entreprises suivantes :

a) Concessionnaires de l'Etat, des départements ou des communes ;

b) Entreprises subventionnées par l'Etat, les départements ou les communes ;

c) Entreprises exécutant des marchés de travaux ou de fournitures pour le compte de l'Etat, des départements ou des communes, à la condition que ces marchés soient assez importants.

Par exception, le Comité mixte ne doit pas être imposé à celle des entreprises visées en *a*, *b* et *c* qui administrera la preuve que, dans un vote offrant toutes garanties d'indépendance et de sincérité, son personnel s'est prononcé, à la majorité absolue, contre le Comité mixte.

Un Comité mixte doit être créé dans tout service industriel occupant au moins cent ouvriers ou employés et appartenant à l'Etat, aux départements ou aux communes.

Pour les raisons exposées dans le rapport de l'an dernier, il semble que l'Association ne peut pas demander à la loi de contraindre les grands établissements industriels à appliquer le système adopté. Il ne s'agit pas de nouvelles prescriptions sur la réglementation du travail, l'hygiène et la sécurité des travailleurs, ou même sur l'un des aspects du contrat de travail. Il s'agit de modifier, sinon le contrat individuel de travail, du moins la nature même des rapports entre le patron et l'ouvrier de la grande industrie.

Dans la pratique actuelle, le patron ou le directeur est maître absolu dans l'usine ; il dirige les services techniques, organise l'usine et son outillage, achète les matières, vend les produits et s'attribue les bénéfices ou supporte les pertes, selon les résultats de l'exercice ; d'autre part, il gouverne les ouvriers eux-mêmes pendant toute leur présence dans l'usine ; il fixe l'entrée et la sortie du personnel, organise les équipes, nomme les chefs, contremaîtres et surveillants, juge la qualité et la quantité du travail exécuté, détermine le taux des salaires et les autres conditions du travail, enfin fait appliquer par ses représentants un règlement d'atelier dont il a lui-même arrêté toutes les dispositions. L'ouvrier n'est qu'un agent passif exécutant des ordres ou des instructions techniques ; spécialisé dans une tâche strictement définie, il est presque assimilé au rouage de l'appareil qu'il conduit ou surveille et dont le plus souvent il ne peut pas même modifier la vitesse ; enfin, il reste étranger aux opérations de vente à l'intérieur ou à l'extérieur des produits de son labeur quotidien.

Notre projet a pour but de modifier profondément la condition morale, le statut de l'ouvrier de la grande usine. Par la voie régulière des délégués élus par le personnel, il lui donne un droit d'examen et d'avis, sinon de conseil, sur certaines questions techniques et commerciales et sur toutes les questions ouvrières proprement dites, sauf celles qui portent sur l'embauchage et le renvoi. Il permet aux délégués du personnel de s'initier enfin aux complexités croissantes de la technique industrielle, aux nécessités de la production intensive, aux mouvements et aux aléas des marchés à l'intérieur et à l'extérieur, aux multiples problèmes que doit résoudre, chaque jour et d'urgence, le chef d'un grand établissement. Sans diminuer l'autorité nécessaire de ce dernier, qui conserve seul le droit de décision, il permet aux délégués du personnel de présenter les observations et les réclamations de leurs commettants sur le salaire, la durée du travail, l'hygiène et la sécurité, comme sur les modifications de l'outillage et les meilleures méthodes de travail et de rendement. De son côté, le chef de la grande usine trouve dans le Comité mixte — et trouvera peut-être plus souvent qu'on ne pense — des délégués réguliers qui faciliteront sa lourde tâche et expliqueront à leurs camarades les raisons des mesures prises par la direction.

Cette simple esquisse du rôle des Comités mixtes montre à la fois le caractère de l'institution nouvelle et la difficulté qu'il y aurait à l'imposer par la loi à tous les grands établissements. Au surplus, au cours de la discussion générale qui s'est produite l'an dernier, un seul orateur, M. Max Lazard, a défendu avec conviction et talent le principe de l'obligation. La plupart des autres orateurs, qui comprennent des industriels et aussi des hommes indépendants, ont estimé, au contraire, qu'une réforme de cette nature ne peut se réaliser dans notre pays qu'avec un maximum de liberté et un minimum de contrainte légale.

Le texte qui vous est soumis remplit ces deux conditions. En principe, il donne à l'institution un caractère facultatif. Cependant, à titre d'exemple, il prévoit que l'institution doit être obligatoirement appliquée dans les grands établissements industriels appartenant aux trois catégories suivantes : les concessionnaires de l'Etat, des départements et des communes ; les entreprises subventionnées par l'Etat, les départements ou les communes ; enfin, les adjudicataires des marchés de travaux ou de fournitures pour le compte de l'Etat, des départements ou des communes, sous réserve que les marchés auront une importance suffisante.

J'espère que l'Assemblée voudra bien admettre l'obligation en ce qui concerne les deux premières catégories, les entreprises concédées et les entreprises subventionnées par l'autorité publique.

M. Legouez. — Je vous demande cependant de supprimer les communes et, par conséquent, de ne pas imposer l'obligation aux entreprises ayant obtenu une concession des communes. Si je me réfère au vœu A, nous n'avons voulu créer le Comité mixte que dans les grandes entreprises seulement. Or, en visant les communes, vous allez créer des Comités mixtes dans des entreprises qui n'emploient que quelques ouvriers.

M. LE PRÉSIDENT. — Les Allemands l'ont fait chez eux. Dès qu'il y a vingt ouvriers, il y a une Commission mixte.

M. LEGOUEZ. — J'ai vu cela au début à Strasbourg, mais maintenant cela ne marche plus du tout.

M. FAGNOT. — Dans l'esprit du vœu G, l'institution ne serait obligatoire que s'il s'agit d'un établissement remplissant les conditions énumérées au vœu A.

M. LEGOUEZ. — Le texte vise les entreprises subventionnées par l'Etat. Qu'entendez-vous par là ?

M. FAGNOT. — Il n'y a à peu près que les compagnies de navigation qui reçoivent des subventions de l'Etat, mais il y a un certain nombre d'entreprises qui reçoivent des subventions des départements et des communes.

M. LEGOUEZ. — Je précise ma question : Qu'entendez-vous par entreprises ? Est-ce un service public ? L'entreprise a un sens juridique déterminé.

M. FAGNOT. — Dans ma pensée, le mot « entreprise » vise une entreprise patronale qui peut d'ailleurs être chargée de remplir un service d'intérêt public.

M. LEGOUEZ. — Voici un service de l'Etat qui est chargé de la construction d'un palais, d'une œuvre quelconque. Est-ce que ce service de l'Etat tombera sous le coup de la loi ? Je voudrais voir clair.

M. Fagnot. — A vrai dire, j'ai surtout visé les compagnies de navigation qui reçoivent de l'Etat des primes à l'armement et les entreprises de constructions navales qui reçoivent des primes à la construction.

M. le Président. — On pourrait dire « subventions régulières » pour montrer qu'il s'agit des subventions régulières votées chaque année et non pas d'une subvention accidentelle de 1.000 francs. Pour la navigation, il y a d'ailleurs des lois en vigueur sur les primes.

M. Keufer. — Et la garantie d'intérêt pour les réseaux de chemins de fer ?

M. Legouez. — Remarquez que c'est d'autant plus grave qu'on pourrait comprendre, dans les entreprises subventionnées, les entreprises qui exécutent des marchés de travaux. Et sur ce point, je ne suis pas du tout d'accord, car vous allez tomber dans les difficultés qu'on a eues pendant toute la guerre, au sujet des entreprises chargées d'un marché de fournitures pour la guerre. On n'a jamais su si une entreprise travaillait exclusivement pour la guerre et l'on est arrivé à placer les usines tantôt sous un régime, tantôt sous un autre : c'était la querelle organisée.

M. Fagnot. — Sur ce point des adjudicataires, et pour faire une concession importante à M. Legouez, je proposerais volontiers la suppression du paragraphe c du texte, ce qui aurait pour conséquence de ne pas rendre notre système obligatoire pour les adjudicataires de marchés.

M. Legouez. — Le texte dit d'ailleurs : « à condition que les marchés soient assez importants ». Or, comment pourrait-on fixer l'importance des marchés ?

M. Keufer. — Je crois que, par la suppression du paragraphe c, on va peut-être ruiner une grande partie du projet, car les communes, les départements et l'Etat ont de nombreux adjudicataires et je trouve que ces industriels doivent donner l'exemple.

M. Legouez. — Si vous imposez l'obligation, voici ce qui peut arriver. Je prends notre cas : Nous fabriquons des câbles. Si, pour un motif ou pour un autre, notre Compagnie ne veut pas entrer dans la voie des Comités mixtes, elle ne soumissionnera pas aux adjudications de l'Etat. Il n'y aura par conséquent qu'un petit nombre de soumissionnaires et, par suite, l'Etat paiera beaucoup plus cher. Le fait s'est produit pour les commandes du ministère de la Marine. Les établissements sérieux ne voulaient plus soumissionner pour la Marine parce qu'il y avait des clauses soulevant des contestations regrettables.

M. Keufer. — Il n'y a qu'une difficulté qui se présente, à mon avis : c'est que la même entreprise peut travailler à la fois pour les pouvoirs publics et pour les particuliers. Or, l'ensemble du système que nous préconisons s'appliquera même pour les travaux privés et sur ce point les patrons trouveront la mesure excessive. Néanmoins, je crois pouvoir me placer à un autre point de vue : Les établissements qui travaillent pour l'Etat doivent, à mon avis, résoudre les difficultés qui se produisent avec leur personnel par l'intervention

d'une Commission mixte et donner ainsi l'exemple aux
autres patrons.

M. Legouez. — Je ne crois pas que ce soit l'obligation
qui arrangera les choses. Souvenez-vous de l'exemple de
la loi des retraites ouvrières. Le résultat, c'est que nous
avons dans nos établissements des sommes inscrites pour
les retraites et dont on ne sait que faire.

Je reviens au texte qui vise les « entreprises subventionnées par l'Etat », et je demande au moins que le texte
soit ainsi modifié : « Entreprises fonctionnant avec une
subvention de l'Etat ». Ce serait déjà une formule plus
étroite qui viserait surtout les compagnies de navigation. « Subvention de l'Etat », en effet, ne peut pas
comprendre une subvention donnée à titre exceptionnel.

M. Keufer. — Je vais vous rappeler ce qui se passe
dans l'imprimerie, où de nombreuses maisons travaillent
pour l'Etat, les départements ou les communes, et en
même temps pour leur clientèle ordinaire. Or, depuis
les décrets du 10 août 1899, les patrons appliquent aux
travaux privés les conditions qui sont fixées par le
cahier des charges pour les travaux officiels, et vice
versa. Il est très difficile de faire une démarcation entre
les deux catégories de travaux.

Nous croyons qu'il est raisonnable que le patron adjudicataire soit tenu de payer ses ouvriers au tarif normal
et courant, qui est prévu par le décret du 10 août 1899.
Ainsi nous avons la garantie que le patron ne peut pas
faire exécuter les travaux de l'Etat à des prix inférieurs,
ce qui se produisait avant les décrets, car dans l'imprimerie certaines maisons emploient des femmes à un tarif
très inférieur au tarif local courant.

M. Legouez. — C'est difficile, parce qu'aujourd'hui l'ouvrier est dans un atelier, demain il est dans un autre.

M. Keufer. — En raison des abus qui se produisaient dans notre industrie, nous avons poursuivi, pendant des années, l'application des décrets du 10 août 1899, que nous appelons les décrets Millerand, du nom de leur auteur.

En ce qui concerne les Comités mixtes, je crois donc qu'il faut les rendre obligatoires pour les adjudicataires, car si vous supprimez le paragraphe c, vous réduisez de beaucoup les avantages du projet.

M. Legouez. — D'un autre côté, j'estime qu'il ne faut pas effrayer les gens, qu'il faut aller progressivement, sans quoi vous rencontrerez les mêmes résistances que celles que vous avez signalées dans l'imprimerie.

M. Keufer. — Je ne dis pas non ; l'état d'esprit actuel n'est pas favorable puisque l'on demande la suppression des Commissions paritaires.

M. Fagnot. — Le paragraphe c répond exactement à la pensée exprimée par M. Keufer. Cependant, par rapport à notre projet, il faut bien reconnaître le caractère réel de l'entreprise qui est adjudicataire de travaux. Dans un très grand nombre de cas, cette entreprise travaille à la fois pour les autorités publiques et pour l'industrie privée. Par conséquent, au regard de notre système, l'entreprise se présente sous deux formes. Comme entreprise travaillant pour des particuliers, nous devons la placer sous le droit commun, c'est-à-dire lui donner le régime facultatif. Au contraire, en sa qualité d'adjudicataire, on pourrait lui imposer l'obligation ; toutefois, l'obligation ne serait complètement justifiée que pour un petit nombre d'établissements, ceux qui travaillent exclusivement pour l'administration, par exemple les fournisseurs de l'intendance militaire.

M. LEGOUEZ. — J'ajoute que l'Etat est toujours libre d'inscrire tout ce qu'il veut dans le cahier des charges.

M. FAGNOT. — L'Etat ne l'inscrira pas spontanément. Quand on sait les obstacles qu'il a fallu surmonter pour faire appliquer le décret visé par M. Keufer, notamment par un ministère que M. Legouez connaît très bien, il ne faut pas compter sur la bonne volonté des administrations en cette matière.

M. KEUFER. — Les décrets du 10 août 1899 nous ont permis de combattre les abus qui se commettaient dans l'industrie, au détriment des ouvriers. Une fois qu'on a obtenu l'inscription des clauses prévues par les décrets dans le cahier des charges, les adjudicataires des travaux de l'Etat, des départements ou des communes sont tenus de respecter le tarif normal et courant des salaires et la durée normale et courante du travail.

M. LEGOUEZ. — Toutes ces clauses sont parfaitement justes.

M. FAGNOT. — A l'égard de notre projet, il y a lieu de rappeler que, dans une même industrie, certains établissements ont une clientèle privée et sont, en même temps, fournisseurs d'un service public. C'est le cas général. Il y a aussi quelques établissements travaillant toujours et exclusivement pour un service public, l'Intendance, par exemple ; entre ces deux cas extrêmes, les cas individuels présentent une variété et une diversité très grandes.

M. Legouez. — Je vous rappelle que, pendant toute la durée de la guerre, une série de projets de loi avaient été déposés, tendant à soumettre à certaines règles légales les industries travaillant en partie pour l'Etat. Or, il n'en est jamais sorti un seul.

M. Fagnot. — Au point où nous en sommes arrivés, après une discussion qui a duré toute l'année dernière, quel est notre but ? Nous désirons seulement que le système des Comités mixtes soit appliqué, à titre d'exemple, dans un certain nombre d'établissements industriels. Nous demandons au législateur de tracer le cadre juridique de l'institution, et d'en organiser le fonctionnement ; en second lieu — comme nous sommes dans un pays où l'on ne peut admettre qu'un minimum de contrainte légale, mais où ce minimum est nécessaire pour obtenir que des idées nouvelles puissent un peu pénétrer — nous demandons au législateur de rendre le système obligatoire dans les seuls établissements où l'Etat a des droits spéciaux lui permettant de prescrire une telle obligation. Si nous étions en Angleterre, notre raisonnement serait différent. En effet, le système Whitley s'applique sans aucune contrainte légale, mais seulement par une persuasion administrative.

M. le Président. — En Angleterre, 3.3oo.ooo travailleurs, sur 15 millions, bénéficient du système Whitley. C'est un résultat.

M. Legouez. — En Angleterre, on a su créer un mouvement d'opinion.

M. LE PRÉSIDENT. — Le système est pratiqué dans les industries les plus diverses : le textile, la poterie, les allumettes, les instruments de musique, etc.

M. LEGOUEZ. — Il faudrait aussi, chez nous, créer un mouvement d'opinion.

M. FAGNOT. — Si nous demandons l'obligation, c'est aussi pour que l'opinion publique soit saisie. Le jour où un rapport sera déposé au Parlement, des discussions vont s'engager un peu partout sur la question que personne aujourd'hui ne connaît.

Il serait tout à fait fâcheux, étant donné l'état d'esprit dans notre pays, qu'il n'y ait pas un minimum d'obligation. Mais M. Legouez a bien voulu faire une concession qui est essentielle pour nous, en admettant l'obligation pour les entreprises concédées et les entreprises subventionnées. Dès lors, comme nous ne cherchons que des exemples importants et qu'ainsi nous les aurons dans les chemins de fer et dans les mines, je me range volontiers à son avis et je propose de ne pas imposer l'obligation aux adjudicataires.

M. LEGOUEZ. — Avec les concessionnaires, l'obligation va plus loin que cela : elle comprend le gaz, l'électricité, les abattoirs, etc.

M. FAGNOT. — En effet, nous aurons les exemples nécessaires.

M. LE PRÉSIDENT. — Je crois que si vous voulez vraiment arriver à quelque chose, il faudrait aller jusqu'à maintenir votre texte qui comprend les adjudicataires, parce que les réseaux de chemins de fer sont concessionnaires d'un grand service d'intérêt public qui ne peut se comparer avec des industries ordinaires.

M. Legouez. — Mais vous avez le gaz, l'électricité, l'eau, les abattoirs, etc. C'est l'infini.

M. le Président. — Ces industries sont des services municipaux et elles sont soumises à une juridiction administrative et non pas aux tribunaux ordinaires. Si nous voulons exercer une action sur la grande industrie privée, il faudrait peut-être maintenir l'obligation pour les adjudicataires, de façon que les grands établissements soient visés lorsqu'ils ont obtenu un marché de travaux.

M. Legouez. — Je dois rappeler que vous écarterez ainsi beaucoup de gens qui ne soumissionneront plus pour les marchés de l'Etat.

Voici, par exemple, les marchés pour les services du téléphone. Il n'y aura plus que 3 ou 4 soumissionnaires. Ils s'arrangeront pour que ce soit toujours les mêmes qui obtiennent l'adjudication, puis ils échangeront des commandes entre eux.

M. Fagnot. — J'ai consulté plusieurs personnes très autorisées et tout à fait indépendantes, qui ne sont ni patrons ni ouvriers, et voici leur opinion. S'il n'y a pas un minimum d'obligation, le système n'aura qu'une valeur académique. Avec nos mœurs, un mouvement d'opinion ne se produira pas et, sauf quelques cas exceptionnels, vous n'obtiendrez aucun résultat sérieux. Or, si vous voulez faire admettre l'institution, il faut que l'opinion soit saisie et elle ne peut l'être que par un minimum d'obligation.

Maintenant, il serait tout à fait utile de faire entre

nous l'accord sur la question d'obligation, en raison de l'autorité morale de l'Association. Dans ce but, on pourrait faire la concession des adjudicataires, car pour ces derniers le problème est complexe et ils n'ont pas du tout le caractère des concessionnaires. On pourrait écarter l'adjudicataire, afin d'amener parmi nous l'unanimité des deux parties. L'Association présenterait ainsi son projet devant l'opinion publique et devant le Parlement après un accord entre les deux éléments de la production et avec l'appui des personnes indépendantes. Nous augmenterions de beaucoup la valeur du projet.

M. Keufer. — En somme, vous demandez la suppression du paragraphe c.

M. le Président. — N'est-il pas à craindre qu'on dise : l'institution ne vise que les entreprises concédées ; elle ne vise pas l'industrie privée ?

M. Legouez. — L'important est de créer l'institution. Si elle réussit, tout est bien ; sinon, on avisera à ce moment.

M. Fagnot. — Dans notre pays comme dans les autres, l'industrie est une simple expression verbale. En réalité, ce mot comprend une série de branches industrielles très dissemblables et ayant une organisation et des mœurs sociales les plus diverses. Je n'ai pas l'intention de classer les diverses branches industrielles d'après leur mérite social respectif. D'ailleurs, il me suffirait d'énumérer les principales branches de l'industrie française, pour que, avec votre grande expérience, vous apercevez aussitôt les différences considérables qui existent entre chacune de ces branches au point de vue du caractère, de la psychologie et des mœurs. Pourrait-on comparer l'industrie des métaux avec l'industrie textile ? Est-ce que les industries du bâtiment peuvent être comparées avec celles du vêtement ou de l'imprimerie ? Au point de vue des usages et des mœurs professionnels, chacune d'elles a une individualité propre et partout il y a des différences importantes.

M. Legouez. — Les différences régionales sont non moins grandes. Ainsi, cette idée de Conseil d'usine, je crois que dans les milieux industriels lyonnais, on n'est pas bien loin de l'accepter. Il y a un mouvement d'opinion parmi les industriels de Lyon. Je ne sais pas où il en est, mais il y a un mouvement très perceptible.

M. Fagnot. — Si vous pénétrez dans une même industrie, l'industrie textile, par exemple, vous constaterez encore de notables différences entre les grands établissements du Nord et ceux du reste de la France, en particulier ceux des industries de la soie des régions de Lyon et Saint-Etienne.

Si nous visons l'adjudicataire, nous nous heurterons à de sérieuses difficultés d'application. L'institution sera obligatoire pour les maisons qui fournissent les tissus à l'intendance, la lingerie, les draps en particulier qui représentent des commandes assez grosses ; mais ces industriels feront remarquer que les commandes de l'intendance ne portent que sur une faible partie de leur production et que, en outre, il est impossible de distinguer la toile livrée à l'intendance de l'autre. Par suite, nous rencontrerons de la part de ces industriels des résistances qui ne se produiront pas au même degré — je ne pense pas exagérer — dans l'industrie des métaux. Dans cette dernière, une résistance se produira peut-être dans la métallurgie proprement dite, mais elle ne se produira pas dans la construction mécanique qui en général a un esprit plus large.

M. Legouez. — Il y a à cela une raison, c'est que l'ouvrier mécanicien, au point de vue instruction générale et culture, est supérieur au manœuvre des hauts fourneaux, dont le métier est très dur, je le reconnais, mais qui est bien inférieur.

M. Fagnot. — Pour que notre projet soit mieux accueilli par l'opinion publique et par le Parlement, nous ne demandons que le minimum d'obligation qu'exigent nos mœurs. Or, ce minimum, nous l'obtenons avec les concessionnaires et les quelques entreprises subventionnées. Les concessionnaires comprennent deux grandes industries, de nature essentiellement différente, les chemins de fer et les mines : mines de charbon et mines de fer. Les concessionnaires comprennent aussi les industries municipales : tramways, eaux, gaz, électricité, etc. Comme ces industries municipales existent dans presque toutes les villes, le système s'appliquera donc dans un grand nombre de cas et dans des milieux très différents, dans les grands centres et dans les petites villes.

M. Keufer. — Vous êtes disposé à sacrifier le paragraphe c pour obtenir l'accord entre nous et aussi pour faire admettre le système par les patrons ?

M. Legouez. — J'en suis très partisan. Je crois que si l'on peut faire admettre l'institution par les ouvriers, on en tirera un très grand bien. Seulement, je connais aussi l'esprit patronal : il suffira que ce soit obligatoire pour qu'il se frappe tout de suite.

M. Keufer. — Pourtant, il y a un projet de loi prévoyant l'arbitrage obligatoire.

M. Legouez. — Non pour l'industrie privée, mais seulement pour les services d'intérêt public.

M. Keufer. — Les décrets du 10 août 1899 sur les adjudicataires prévoient la création d'un Comité mixte pour trancher les différends qui peuvent se produire, ou établir des tarifs. Par conséquent, c'est déjà une indication pour les adjudicataires.

M. Legouez. — Pour le salaire normal, ces Commissions ont fonctionné ; j'ai fait partie d'une de ces Commissions à l'Hôtel de Ville, autrefois.

M. Keufer. — Le Conseil consultatif du travail, dont il est question dans le projet, pourra trancher les difficultés.

M. Legouez. — Je m'attache à une pensée beaucoup plus haute qui est celle du système anglais : c'est que le Conseil d'usine n'est pas fait pour trancher les difficultés, mais pour les empêcher de naître.

M. le Président. — Parfaitement, c'est cela. C'est dans cet ordre d'idées que les Conseils d'usine doivent intervenir, autrement c'est le Conseil d'arbitrage.

M. Legouez. — Le Conseil d'usine doit être constitué en vue de renseigner l'ouvrier. On ne doit pas renoncer d'avance à éclairer l'ouvrier, lorsqu'il se refuse à accepter certaines machines ; il faut qu'il soit appelé à se rendre compte des avantages qu'il pourra tirer de l'emploi des machines préconisées par le patron. J'ai connu des usines où les ouvriers n'acceptaient pas les machines. Je savais, quand j'installais ces machines, qu'on tenterait d'abord de les briser. Des renseignements précis ayant été fournis au personnel, si, par hasard, une machine se détraquait, c'était l'ouvrier qui, le premier, réclamait les réparations.

M. Fagnot. — L'éducation était faite.

M. le Président. — Les crises d'Hazebrouck ont été causées par la même raison : les ouvriers ne voulaient pas conduire plusieurs métiers à la fois. Il a fallu les persuader de l'utilité du procédé.

M. Legouez. — Il faut qu'on arrive à inculquer aux ouvriers ce sentiment qu'il y a, pour eux, un grand intérêt à réaliser les améliorations résultant du progrès.

M. le Président. — Je crois que nous pouvons maintenant passer au vote sur les premiers paragraphes du vœu G.

S'il n'y a pas d'opposition, les paragraphes 1 et 2 donnant à la réforme un caractère facultatif seront considérés comme adoptés. (*Assentiment*).

Je propose l'adoption des paragraphes 3, 4 et 5 stipulant que l'institution est obligatoire dans les entreprises concédées et dans les entreprises subventionnées par l'Etat, les départements ou les communes. (*Adopté*).

Pour tenir compte d'une observation de M. Legouez qui a été approuvée par l'Assemblée, on pourrait compléter les paragraphes sur l'obligation par la disposition suivante :

« L'institution n'est obligatoire que si l'établissement remplit les conditions énumérées au vœu A ». (*Adopté*).

Comme conclusion des vues échangées, je propose la suppression du paragraphe visant les adjudicataires. (*Adopté*).

M. Fagnot. — Malgré la suppression du paragraphe c, il convient peut-être de maintenir le paragraphe 7 visant le cas où le personnel s'est prononcé par un vote régulier contre l'institution.

M. Legouez. — Savez-vous ce qu'on va vous dire ? L'institution est obligatoire pour les patrons, mais elle ne l'est pas pour les ouvriers. Les patrons ne peuvent pas s'y refuser, mais on autorise les ouvriers à ne pas s'incliner.

M. Keufer. — Il faudrait mettre : « le personnel ou le patron ».

M. le Président. — Ce texte paraît présenter en effet de sérieux inconvénients. S'il n'y a pas d'opposition, on pourrait le supprimer. (*Adopté*).

M. Fagnot. — Nous arrivons ainsi au 8ᵉ et dernier paragraphe qui prévoit que l'institution doit être établie dans les établissements industriels appartenant à l'Etat, aux départements ou aux communes. Sur ce point, je demande la permission de présenter quelques observations.

Etant donné l'évolution des esprits depuis quelques années, il nous paraît nécessaire et légitime d'améliorer par le Comité mixte les rapports entre patrons et ouvriers, dans la grande industrie surtout. Mais chacun peut aisément observer que, dans les services industriels de l'Etat, l'évolution des esprits va très loin, pour ne pas dire trop loin. Dans les établissements industriels de l'Etat, il n'y a jamais eu et il ne peut pas y avoir une autorité personnelle sous une forme aussi précise et aussi ferme que celle du patron. C'est l'une des raisons pour lesquelles les employeurs disent que, dans tel ou tel établissement de l'Etat, la production est beaucoup plus coûteuse. Et il me semble que, précisément parce que nous étudions les faits sociaux avec le désir d'améliorer la situation de l'ouvrier, mais sans compromettre ni l'activité économique, ni la vie quotidienne de la nation, nous devons être attentifs à certains faits.

Des incidents sérieux se sont produits ces derniers temps dans le personnel de plusieurs grands services industriels de l'Etat, incidents tendant à diminuer l'autorité des supérieurs et à énerver la discipline.

Il est bien certain que nous ne pouvons pas refuser le bénéfice de l'institution au personnel de ces grands services ; d'autant moins que sous une forme qui n'est pas la nôtre, mais qui s'en rapproche sensiblement, les Conseils mixtes fonctionnent déjà dans plusieurs d'entre eux. On parle même de l'élection de délégués du personnel des P. T. T. au Conseil d'administration du service tout entier.

M. Keufer. — Il y a déjà des commissions qui fonctionnent.

M. Fagnot. — C'est, dans ce service, une application voisine du système anglais.

M. Legouez. — Vous en avez aux chemins de fer de l'Etat ; il y a le Conseil de réseau.

M. Fagnot. — C'est vrai, mais avec cette nuance que le Conseil de réseau est surtout consultatif et que le pouvoir de décision est confié à la direction. Le Conseil de réseau a des attributions importantes, mais il n'a pas de pouvoir comparable à celui du Conseil d'administration d'une compagnie de chemins de fer.

Dans les services industriels de l'Etat, il y a une diminution de l'autorité, un énervement de la discipline, un affaiblissement des organes de direction. Nous demandons la création d'une institution que nous croyons être un progrès dans l'industrie privée, mais nous ne voudrions pas que, dans des services qui ne sont pas appelés à passer à l'industrie privée demain, qui doivent rester industries d'Etat, nous ne voudrions pas que l'institution que nous préconisons pût accroître les inconvénients déjà si sérieux de la situation actuelle.

Le système doit fonctionner dans les services industriels de l'Etat, mais à la condition que, dans ces services, les Conseils mixtes soient composés de l'équivalent des trois éléments énumérés au vœu A pour les établissements industriels ordinaires. Dans le vœu A, le Comité mixte doit comprendre un élément de la direction, un élément technique, un élément ouvrier. En ce qui concerne les industries de l'Etat, il serait utile que, dans les Comités mixtes, les chefs des directions et des services locaux, départementaux ou régionaux, constituent l'équivalent de l'élément technique. Cette adaptation paraît facile à appliquer dans les postes, les douanes, les contributions, les manufactures de tabacs, les arsenaux, etc.

M. Keufer. — C'est prévu dans le second paragraphe du vœu A.

M. Fagnot. — Si vous partagez cette préoccupation, il n'est peut-être pas utile de modifier le texte, mais il est bien entendu que l'institution doit donner de nouveaux avantages au personnel des services industriels de l'Etat, sans jamais pouvoir nuire au fonctionnement régulier de ces services.

M. Legouez. — Il ne s'agit pas de choisir dans le personnel des représentants des agents techniques. Le patron, d'ailleurs, ne connaît pas l'ouvrier. Il faut donc prévoir cet élément intermédiaire qui a une grande importance, et surtout une grande influence.

M. Arthur Fontaine. — Il faut tenir compte que, dans les chemins de fer, le personnel salarié comprend toutes les catégories et que, par suite, on ne peut pas restreindre la représentation du personnel à une catégorie d'agents. Il faut que, dans une certaine mesure, le personnel soit représenté dans sa sphère, et dans son ensemble.

M. Keufer. — Cette manière de voir est prévue dans le paragraphe 2 du vœu A.

M. Arthur Fontaine. — Sans doute, mais cette question a une importance beaucoup plus grande dans les services de l'Etat où déjà, pour les raisons qui ont été dites, la situation des cadres est délicate. Il faut que les différentes catégories d'agents, suivant la nature du service, soient représentées. Dans un arsenal de Brest, de Lorient ou de Toulon, il ne faut pas un seul groupe d'ingénieurs qui soient exclusivement de la direction et, d'autre part, un seul groupe d'ouvriers et qu'ainsi un conflit puisse se produire entre ces deux groupes.

M. le Président. — Il faut évidemment qu'il y ait un troisième élément entre la direction et les ouvriers.

M. Fagnot. — Il faut des agents intermédiaires. L'ingénieur en chef d'un arsenal représente évidemment le personnel technique. Ce n'est pas un patron, il ne représente pas la direction centrale et il n'est là que d'une manière passagère. Pourtant, il a un personnel qui lui cause des difficultés énormes. Les agents intermédiaires devraient former l'un des éléments du Comité mixte afin que, comme l'indiquait M. Fontaine, l'institution fût constituée sur des bases plus équitables.

Les établissements industriels de l'Etat présentent d'ailleurs des différences considérables et, quant à l'organisation intérieure, aucune comparaison n'est possible entre le réseau des chemins de fer de l'Etat, un arsenal de la guerre ou de la marine et une manufacture de tabacs. Cependant, l'élément intermédiaire entre la direction et le personnel existe partout, sous des formes très différentes. Il faut donc laisser à chaque service le soin de constituer le groupe des agents intermédiaires. En ce qui nous concerne, nous n'avons qu'à déclarer nettement que, dans les Comités mixtes, cet élément intermédiaire nous paraît indispensable dans les services et établissements industriels de l'Etat, des départements ou des communes.

M. le Président. — Vous avez, dans toutes les compagnies, la possibilité de créer des Commissions. Ainsi la nouvelle loi allemande a prévu des Conseils exclusivement ouvriers. Les patrons y sont convoqués, mais ils n'ont pas de représentants dans la réunion. En Angleterre, c'est la même chose. Dans une usine, il y a sept représentants ouvriers et trois des patrons.

Est-ce que vous concevez les Conseils mixtes sous une forme unique ou laissez-vous la faculté aux intéressés d'adopter telle ou telle combinaison ?

M. Legouez. — Les textes adoptés sont très souples, précisément pour permettre aux intéressés de choisir eux-mêmes la formule d'application qui leur convient.

M. Keufer. — Les observations que vous venez de faire pour justifier la nomination dans ces Comités mixtes de représentants des agents intermédiaires ont-elles pour but de modifier le dernier paragraphe ?

M. Fagnot. — Non, elles ont pour but d'appeler l'attention sur ce fait que l'on ne doit pas, à l'heure actuelle, appliquer sans précautions sérieuses notre institution dans les établissements industriels de l'Etat, des départements et des communes. Selon la proposition de M. Legouez, il faut donner aux éléments intermédiaires, à ces hommes qui s'ignorent, l'occasion d'intervenir utilement dans les Comités mixtes. Leur valeur personnelle est grande dans l'industrie ordinaire ; les ingénieurs et les techniciens ont une valeur sociale qu'ils ne soupçonnent pas, et ils sont souvent pris entre les deux camps, celui des patrons et celui des ouvriers. Nous croyons que, dans les industries d'Etat, il est plus utile encore que dans l'industrie privée de faire appel à ces éléments intermédiaires.

Pour préciser notre pensée, on pourrait peut-être maintenir le 8e paragraphe et le compléter par cette addition : « Les Comités mixtes devront être constitués dans les conditions fixées au 3e paragraphe du vœu A ». Nous préciserions ainsi que, dans la pensée de l'Association, les Comités mixtes des établissements industriels de l'Etat doivent comprendre des représentants des trois éléments suivants : la direction, les agents intermédiaires et le personnel ouvrier et employé.

Pour justifier l'addition proposée, il suffit de rappeler que, dans plusieurs grands services industriels de l'Etat, en particulier dans un service qui joue dans la vie nationale un rôle important, on a émis formellement la prétention que la marche des services soit assurée, non plus par la direction ou par la direction et les représentants du personnel, mais par ceux-ci seulement. On a émis l'idée qu'il fallait renverser les rôles. Devant un tel état d'esprit, des précautions s'imposent quand il s'agit de créer les Comités mixtes.

M. le Président. — Il y a encore bien des difficultés qui se présentent. Vous supposez trois éléments : un patronal, un technique, un ouvrier. Est-ce que chacun de ces trois éléments aura un nombre de représentants égal ?

M. Legouez. — Je crois que si nous voulons entrer dans le détail, il faudrait faire un texte de loi complet.

M. le Président. — J'entends bien, mais alors il est à craindre que, dans l'application, de sérieuses difficultés se produisent.

M. Fagnot. — Nous n'avons volontairement donné au projet qu'une forme très générale. Nous ne pouvons pas rédiger un texte de loi. Au surplus, si le législateur veut bien nous suivre, il devra sans doute lui-même se borner à adopter un texte qui se rapproche singulièrement du texte anglais, c'est-à-dire à rédiger un texte légal très souple qui autorise des formules d'application très variées.

M. LE PRÉSIDENT. — Vous connaissez, aux Etats-Unis, le système Leich ? C'est assez singulier. On a calqué les Comités de certaines usines sur l'organisation fédérale américaine : il y a un Sénat et un Chambre. Le Sénat est nommé par les représentants de l'entreprise et la Chambre des députés par les ouvriers. Le Président, comme celui des Etats-Unis, a le droit de *veto* !

M. KEUFER. — Cela fonctionne très bien. C'est une grande usine de confections ; tout le monde en est très satisfait.

M. LE PRÉSIDENT. — Ce qui m'étonne un peu d'ailleurs.

M. LEGOUEZ. — Mais la mentalité n'est pas la même que chez nous.

M. Arthur FONTAINE. — Un cas particulier ne constitue pas une preuve. Il faut un assez grand nombre de cas pour constituer une preuve, car il peut y avoir, dans une seule usine, des conditions particulières.

M. LE PRÉSIDENT. — Le paragraphe 8, comportant obligation de créer l'institution dans les établissements industriels de l'Etat, des départements et des communes, a motivé de fortes réserves, mais l'assemblée a paru l'admettre en principe. (*Assentiment.*)

Pour tenir compte des réserves qui ont été faites, je mets aux voix l'addition proposée par le rapporteur :

« Les Comités mixtes devront être constitués dans les conditions fixées au 3ᵉ paragraphe du vœu A. » (*Adopté.*)

M. Fagnot. — Reste le vœu II, qui ne soulèvera sans doute aucune discussion. En voici le texte :

Vœu II

Les chefs des grandes entreprises sont priés de fonder librement des Comités mixtes, d'accord avec leur personnel et sans attendre le vote d'une loi sur la constitution et le fonctionnement de l'institution.

Le Ministre du Travail et de la Prévoyance sociale est prié de bien vouloir constituer d'urgence des Conseils consultatifs du travail dans les centres importants de l'industrie et du commerce, par application de la loi du 17 juillet 1908.

M. Keufer. — Le décret pris par M. Millerand, en 1902, donnait aux Conseils consultatifs du travail qualité pour résoudre les conflits, mais ces Conseils sont maintenant régis par la loi du 17 juillet 1908 qui ne leur donne plus ces attributions.

M. Arthur Fontaine. — C'est exact en ce qui concerne les Conseils créés en 1902.

M. Legouez. — C'est un peu la pensée du Comité de district du système Whitley. Vous savez que les Comités de district sont spécialisés par industrie.

M. Arthur Fontaine. — Le système Whitley a le grand avantage de faire appel à des organismes vivants, les syndicats de patrons et d'ouvriers. C'est ce que M. Millerand avait essayé de faire, mais le Parlement n'a pas voulu suivre et il a fait appel au suffrage universel. C'est peut-être l'une des causes de l'échec des Conseils du travail dans le passé. Le projet qui vient d'être adopté fait appel, lui aussi, au suffrage de tous les ouvriers. Les Comités mixtes peuvent rendre de grands services, mais à la condition qu'ils puissent rester en contact permanent avec les mandataires des deux parties, c'est-à-dire avec les syndicats patronaux et les syndicats ouvriers.

M. Legouez. — Depuis cette époque, les syndicats patronaux, par suite des circonstances, ont pris une importance qu'ils n'avaient pas ; ils ont pris le sentiment de leur existence et de leur utilité.

M. Arthur Fontaine. — C'est pourquoi la composition du Comité Whitley, qui est à peu près celle du Comité Millerand, me paraît préférable à celle qui repose sur la base du suffrage de tous les intéressés.

M. Keufer. — Les Comités Whitley ont déjà rendu de grands services en Angleterre.

M. Arthur Fontaine. — Ce n'est pas le contact permanent quand les électeurs se désagrègent au lendemain du vote.

M. Legouez. — Nous le voyons, nous, dans les Chambres de commerce. Quand il y a une question importante, nous sommes obligés de provoquer une réunion des Chambres syndicales pour reprendre contact.

M. Fagnot. — Il faut remarquer que le système que nous venons d'adopter ne comprend qu'un Comité du premier degré, le Comité d'usine, et un Comité au second degré, le Conseil du travail local ou régional. Dans le système rien n'est prévu pour le Comité national d'une profession. La place est donc libre et les syndicats peuvent l'occuper. Sous l'influence des faits qui se produisent sous nos yeux, de la loi de huit heures, par exemple, ces organes nationaux pour chaque profession peuvent se constituer, et rien ne s'y oppose dans le système adopté. Au contraire, un Comité national constitué par les Syndicats des deux parties serait le complément naturel des deux Comités prévus.

M. Legouez. — Dans les métaux, quand les Syndicats des deux parties ont rédigé le projet de règlement pour l'application de la loi de 8 heures, un petit article *in fine* disait que les représentants des Syndicats des deux parties se réuniraient chaque fois que cela serait nécessaire. Malheureusement, il y a eu ensuite une crise très aiguë. Néanmoins, le système était créé et c'était bien le Comité national mixte des industries métallurgiques et mécaniques.

M. Keufer. — Dans l'industrie du livre, cela a été la même chose. Une Commission nationale mixte a fonctionné et a donné des résultats satisfaisants. Puis est arrivée une grève et cette Commission nationale a cessé de se réunir.

Dans les chemins de fer, une Commission paritaire fonctionne, mais je ne sais pas si elle pourra continuer, car il paraît que le Syndicat ouvrier aurait décidé sa suppression.

M. Fagnot. — Les chemins de fer sont dans une crise de croissance. C'est un mauvais moment à passer.

M. Arthur Fontaine. — On constate depuis quelque temps, dans certaines industries, un meilleur travail et un meilleur rendement.

M. Legouez. — Vous avez vu, dans le bassin de Maubeuge, que les Syndicats ouvriers et les Syndicats patronaux se sont mis d'accord pour faire neuf heures de travail par jour.

M. le Président. — Au cours de ce dernier échange de vues sur l'ensemble du projet, aucune objection n'a été faite sur le vœu H qui exprime notre commun désir de voir que, sans attendre le vote d'une loi, les patrons et les ouvriers constituent librement des Comités mixtes d'usine et que, de son côté, le Ministre du Travail établisse des Conseils du travail dans les grands centres industriels. S'il n'y a pas d'opposition, le vœu H est adopté. (*Assentiment*).

M. Fagnot. — En terminant la discussion d'un projet dont l'importance nous paraît si grande que nous lui avons consacré nos travaux pendant près de deux ans, il nous reste à exprimer le vœu que le Gouvernement veuille bien déposer un projet de loi sur cette grave question, en vue de la faire passer au crible des discussions et des controverses, à la fois devant le Parlement et devant l'opinion publique.

M. Legouez. — Je crois qu'il est indispensable de lancer notre projet et de le soutenir aussi énergiquement qu'on le pourra.

M. Arthur Fontaine. — Avec le sentiment qu'une idée juste n'aboutit pas immédiatement, mais qu'il faut en parler longtemps et souvent, et la modifier suivant les objections que l'on fait, pour arriver à la faire triompher.

La séance est levée à 6 h. 5.

TEXTE DES VŒUX ADOPTÉS

Vœu A (1)

Il est désirable que dans toute entreprise industrielle, occupant au moins cent ouvriers ou employés, un Comité mixte soit institué, dans l'intérêt de l'entreprise comme dans celui du personnel.

Si un Comité mixte est utile dans toutes les grandes entreprises, il est particulièrement nécessaire dans les entreprises dirigées par une Société anonyme ou une Société civile à forme commerciale.

Le Comité devrait comprendre : 1° des représentants du chef d'entreprise ou du Conseil d'administration de celle-ci ; 2° des représentants du personnel dirigeant et technique ; 3°. des représentants du personnel ouvrier ou employé, de l'un ou l'autre sexe.

Vœu B.

Le nombre des représentants du personnel devrait être proportionnel au nombre total des travailleurs de l'entreprise, avec minimum de 4 et maximum de 12 représentants.

Dans toute entreprise comportant, dans le même

---

(1) Pour le compte rendu des discussions relatives aux vœux, A, B, C et D, prière de se reporter au premier volume consacré à la question : *La part du travail dans la gestion des entreprises*, publié en 1919, 1 vol., chez Félix Alcan et Marcel Rivière, éditeurs à Paris. — Prix : 4 fr. 50.

établissement, plusieurs sections correspondant à des professions distinctes, chaque section devrait être appelée à élire une partie du nombre total des représentants du personnel.

Les représentants du personnel devraient, à défaut d'accord entre l'établissement et les ouvriers, être élus pour deux ans par les ouvriers et employés de l'établissement dans des formes et conditions analogues à celles qui sont prescrites par l'article 5 de la loi du 17 juillet 1908 sur les Conseils consultatifs du travail.

Les représentants du personnel devront faire partie de l'établissement depuis deux ans au moins.

Vœu C.

Le Comité mixte se réunit une fois par mois ; il peut être convoqué extraordinairement sur la demande écrite du tiers au moins des représentants de l'une des parties.

Les procès-verbaux ne seront dressés obligatoirement que lorsque des décisions seront prises par le Comité. Ils ne contiendront que l'énoncé de ces décisions.

Les procès-verbaux sont faits en double exemplaire, un pour chacune des parties. Ils sont signés par un représentant au moins de chaque partie. Ils peuvent être imprimés et distribués aux intéressés, si l'une des parties le juge utile.

Des communications portant sur les questions techniques ou commerciales ne peuvent être publiées, comme annexes des procès-verbaux, qu'avec l'autorisation du chef de l'entreprise.

Pour l'examen des questions qui ne concernent qu'une section de l'entreprise, les représentants de cette section seront seuls appelés à siéger. En cas de désaccord, l'affaire sera soumise au Comité mixte.

Vœu D.

Les questions qui peuvent être examinées dans le Comité mixte sont des questions techniques et commerciales et les questions ouvrières définies ci-après.

Les questions techniques et commerciales sont limitées comme suit : modification des méthodes et procédés de travail, installation et transformation de l'outillage, encouragements aux inventions utiles à l'industrie exercée ; mesures propres à développer le rendement de l'entreprise et la vente de ses produits à l'intérieur, aux colonies et à l'étranger ; problèmes de la concurrence intérieure et étrangère ; étude des débouchés nouveaux ; questions douanières.

Les questions ouvrières sont limitées comme suit :

a) Taux minimum des salaires ou traitements ; tarifs de travaux aux pièces ou à la tâche ; indemnités pour travaux supplémentaires, primes à la production, primes d'économie des matières premières ou des fournitures, primes pour l'entretien de l'outillage, indemnités pour charges de famille, ancienneté, etc. ;

b) Durée de la journée de travail ; repos quotidiens et repos du dimanche ; organisation du travail par équipes successives ;

c) Règles disciplinaires et règlement d'atelier ; délai-congé ; surveillance technique et morale des apprentis ; hygiène et sécurité dans l'établissement ; institutions propres à accroître le bien-être du personnel ; régime de la main-d'œuvre coloniale ou étrangère dans l'établissement ;

d) Questions relatives au rendement de la main-d'œuvre ;

e) Mesures relatives à l'exécution des conventions collectives de travail définies par la loi du 25 mars 1919 et dans lesquelles l'entreprise est partie ;

f) Examen des réclamations écrites du personnel lorsqu'elles sont de la compétence du Comité mixte ; examen des différends d'ordre collectif et, si possible, règlement amiable de ces différends.

Il reste entendu que ces questions ne sauraient être posées qu'en accord avec les conventions collectives intervenues entre les organisations syndicales, patronales et ouvrières, qui représentent l'ensemble de la profession. De même, les accords résultant des travaux des Comités mixtes ne sauraient être opposables aux conventions collectives à conclure par la suite.

Les questions financières de l'entreprise n'entrent pas dans les attributions du Comité mixte et, par suite, ce dernier n'a pas qualité pour traiter notamment les questions suivantes :

a) Capital engagé dans l'entreprise sous une forme quelconque ; prix d'achat des matières, outillage et fournitures ; prix de vente des produits ; résultats financiers, bilans ou situations ; répartition des profits ; mesures propres à compenser ou supporter les pertes ; frais généraux ; affaires litigieuses ou contentieuses ; choix des clients ;

b) Traitements des chefs de service, employés supérieurs ou subalternes ; augmentation ou diminution du salaire ou traitement des chefs, employés ou ouvriers, lorsque les mesures prises n'affectent pas les taux minima visés ci-dessus.

Les questions suivantes n'entrent pas dans les attributions du Comité mixte : nomination aux emplois de directeur, chef de service, représentant, ingénieur, chef d'atelier, contremaître, surveillant, etc., etc. ; embauchage individuel des ouvriers ou employés, hommes, femmes ou jeunes gens ; renvoi individuel des chefs, contremaîtres ou travailleurs ; d'une manière générale, toute question relative, soit à la conclusion, soit à la rupture du contrat individuel de travail.

Vœu E.

Toute affaire portant sur l'une des questions ouvrières énumérées ci-dessus et dont l'examen par le Comité mixte n'a pas donné de résultat, peut être soumise par l'une des parties au Conseil consultatif du travail prévu par la loi du 17 juillet 1908, sauf s'il s'agit d'une affaire qui par sa nature relève d'une autre institution créée par la loi.

Les deux parties du Comité mixte et le chef d'entreprise sont tenus de fournir au Conseil consultatif du travail, sur l'affaire qui lui est soumise, outre un extrait certifié conforme des procès-verbaux, tous documents et renseignements utiles.

Dans chaque affaire, le Conseil consultatif du travail est tenu de faire connaître son avis dans le délai maximum d'un mois après la date à laquelle il a été saisi.

Si l'une des parties s'oppose à l'examen d'une affaire par le Comité mixte, la question d'attributions pourra être réglée par le Conseil consultatif du travail.

Un Conseil consultatif du travail doit être constitué dès que, dans un département ou une région, cinq Comités mixtes existent dans les diverses professions similaires d'une même industrie.

Vœu F.

(Au cours de la discussion, ce vœu a été retiré.)

Vœu G.

Il est préférable de compter sur la bonne volonté des chefs d'entreprise, stimulée au besoin par l'action syndicale des travailleurs, pour assurer la création et le fonctionnement de Comités mixtes dans les grandes entreprises.

La loi doit se borner à régler la constitution, le fonctionnement et les attributions des Comités mixtes.

Toutefois, le Comité mixte doit être rendu obligatoire dans les grandes entreprises suivantes :

a) Concessionnaires de l'Etat, des départements ou des communes ;

b) Entreprises subventionnées par l'Etat, les département ou les communes.

L'institution n'est obligatoire que si l'établissement remplit les conditions énumérées au vœu A.

Un Comité mixte doit être créé dans tout service industriel occupant au moins cent ouvriers ou employés et appartenant à l'Etat, aux départements ou aux communes.

Ces Comités mixtes devront être constitués dans les conditions fixées au 3ᵉ paragraphe du vœu A.

Vœu II.

Les chefs des grandes entreprises sont priés de fonder librement des Comités mixtes, d'accord avec leur personnel et sans attendre le vote d'une loi sur la constitution et le fonctionnement de l'institution.

Le Ministre du Travail et de la Prévoyance sociale est prié de bien vouloir constituer d'urgence des Conseils consultatifs du travail dans les centres importants de l'industrie et du commerce, par application de la loi du 17 juillet 1908.

DOCUMENTS ANNEXES

I. — EN GRANDE-BRETAGNE

LE DÉVELOPPEMENT DES CONSEILS INDUSTRIELS MIXTES

Dans son Bulletin d'*Informations quotidiennes*, n° du 17 juin 1921, le Bureau international du travail a publié des renseignements précis sur l'état actuel du développement des Conseils industriels mixtes en Angleterre.

D'après ce document, les Conseils industriels mixtes (*Joint industrial Councils*) c'est-à-dire les conseils nationaux créés, dans chaque profession ou industrie, sur les bases arrêtées par la Commission Whitley, sont au nombre de 70 ; sur ce nombre, 6o sont en activité et, pour diverses raisons, 10 ne fonctionnent pas actuellement. De nombreux Comités d'usine (*Works Committees*) agissent sous la direction des Conseils industriels ; on ne connaît pas le nombre exact de ces Comités d'usine, mais on estime qu'il en existe plus de mille.

En outre, 32 commissions provisoires de reconstitution industrielle ont été créées depuis trois ans, selon les recommandations de la Commission Whitley, dans les industries où l'organisation syndicale des patrons ou des ouvriers n'était pas assez développée pour permettre la création immédiate de Conseils industriels mixtes. D'ailleurs, 11 commissions provisoires ont été ensuite transformées en Conseils industriels mixtes. Sur les 21 autres commissions provisoires, 13 sont en activité et 8 ne fonctionnent pas actuellement.

En plus des institutions ci-dessus énumérées, 93 commissions mixtes ont pour but d'appliquer au moins partiellement les conceptions sociales de la Commission Whitley.

Le Bureau international du travail évalue à 3.500.000 le nombre des travailleurs appartenant aux diverses professions dans lesquelles le système Whitley est appliqué, en tout ou en partie.

On trouvera ci-après la liste nominative des Conseils industriels mixtes et des diverses autres commissions créés depuis 1918. Dans chaque catégorie d'institutions, celles-ci sont réparties en deux groupes : le premier comprend les institutions qui sont en activité et le second celles qui ne fonctionnent pas actuellement. Pour la plupart des institutions, la date de leur création est indiquée entre parenthèses.

Conseils industriels mixtes

a) *En activité :*

Industries des mines et des carrières : 1. Fabriques de porcelaine (1-10-18). — 2. Mines d'étain (17-1-19). — 3. Carrières (23-9-19).

Industries des métaux : 4. Fabriques de fers de lit (21-10-18). — 5. Fabriques de bobines et navettes de tissage (22-10-18). — 6. Fabriques de tôles (7-3-19). — 7. Fabriques d'appareils de chauffage (8-5-19). — 8. Fonderies de zinc (13-5-19). — 9. Fabriques de fils de fer, fer et acier (24-6-19). — 10. Fabriques d'aiguilles et hameçons de pêche (9-7-19). — 11. Fabriques d'ustensiles de cuisine (21-7-19). — 12. Fabriques de câbles (4-9-19). — 13. Instruments de chirurgie (14-4-20). — 14. Coffres-forts et serrurerie (8-12-20).

Industries du bâtiment : 15. Entreprises du bâtiment (29-5-18). — 16. Appareils et installations électriques (22-1-19).

Industries de l'alimentation : 17. Boulangeries (Ecosse) (28-10-18). — 18. Minoteries (22-5-19).

Industries des cuirs et peaux : 19. Fabriques de chaussures (27-5-19). — 20. Fabriques de gants (21-3-21).

Industries textiles : 21. Industrie de la soie (25-7-18). — 22. Industrie de la bonneterie (10-10-18). — 23. Lainages et confections tricotées (Ecosse) (5-11-18). — 24. Industrie de la bonneterie (Ecosse) (6-11-18). — 25. Industrie de la laine et similaires (15-1-19). — 26. Manufacture d'Asbeste (12-3-19). — 27. Nattes et paillassons en crin végétal (20-3-19). — 28. Fabriques de tapis (18-7-19).

Industries du bois : 29. Tonnellerie (27-4-20).

Verreries, produits chimiques, etc. : 30. Fabriques de poteries (11-1-18). — 31. Industrie du caoutchouc (16-7-18). — 32. Manufactures d'allumettes (23-7-18). — 33. Fabriques de produits chimiques (16-8-18). — 34. Peinture, couleur et vernis (18-9-18). — 35. Fabriques de ciment (21-10-19). — 36. Industrie de la verrerie (11-3-20). — 37. Fabriques de savons et bougies (22-4-20). 38. Fabriques de manchons à gaz (10-1-21). — 39. Fabriques de tourteaux (15-2-21).

Industries du livre : 40. Fabriques de papiers peints (18-1-19). — 41. Imprimeries (1-7-19). — 42. Gravure (3-6-20). — 43. Fabriques de papiers (4-5-21).

Industries diverses : 44. Entreprises de divertissements (18-3-20).

Services publics : 45. Fonctionnaires de l'Etat (services administratifs et judiciaires) (23-7-19).

Établissements industriels de l'État : 46. Personnel des travaux publics (24-9-19). — 47. Personnel de l'Amirauté (10-10-19). — 48. Ministère des munitions (18-2-20). — 49. Ministère de l'aviation (23-3-20). — 50. Ministère de la guerre (12-5-20). — 51. Personnel des papeteries (28-6-20).

Services municipaux et de comtés : 52. Personnel du service des eaux (3-4-19). — 53. Personnel des entreprises non commerciales dirigées par les autorités locales de l'Angleterre et du pays de Galles (11-4-19). — 54. Personnel de distribution du gaz (30-4-19). — 55. Personnel des services électriques (1-5-19). — 56. Personnel des tramways (5-9-19). — 57. Personnel administratif, technique et employés des autorités locales de l'Angleterre et du pays de Galles (25-2-20). — 58. Personnel administratif et employés des services d'assurance (21-5-20). — 59. Personnel administratif, technique et employés des autorités locales de l'Écosse (14-10-20). — 60. Personnel des entreprises non commerciales dirigées par les autorités locales de l'Écosse (29-10-20).

b) Ne fonctionnant pas actuellement :

61. Fabriques d'objets en or, argent, etc. (20-7-18). — 62. Manufactures d'ameublement (31-7-18). — 63. Boulangeries de l'Angleterre (18-9-18). — 64. Industrie de la voiture (23-9-18). — 65. Fabriques d'articles en cuir (23-10-18). — 66. Entreprises de scieries (21-11-18). — 67. Fabriques de malles (24-1-19). — 68. Fabriques de tissus élastiques (5-3-19). — 69. Entreprises de transport sur route (11-3-19). — 70. Fabriques d'instruments de musique (25-6-19).

Commissions provisoires de reconstitution industrielle

a) *En activité :*

1. Industrie de la vannerie (5-6-18). — 2. Garde-meubles (9-7-18). — 3. Fabriques d'engrais chimiques (19-7-18). — 4. Chocolateries et confiseries (15-10-18). — 5. Papeteries (7-11-18). — 6. Fabriques de terre glaise (13-11-18). — 7. Fabriques de confections pour dames et enfants (27-11-18). — 8. Mines non ferrugineuses (9-1-19). — 9. Fabriques de pierres artificielles (15-1-19). — 10. Raffineries (15-1-19). — 11. Fonderies de plomb (25-2-19). — 12. Fabriques d'instruments d'optique (26-2-19). — 13. Entreprises de manutention et expédition des produits du textile (7-5-19).

b) *Ne fonctionnant pas actuellement :*

14. Maisons de combustibles divers préparés (3-6-18). — 15. Industries de l'alimentation (5-6-18). — 16. Industrie de la brosserie (13-6-18). — 17. Forgerons et maréchaux ferrants (23-8-18). — 18. Coutellerie (12-9-18). — 19. Fabriques de wagons de chemins de fer (11-11-18). — 20. Fabriques de cirage et encaustique (19-2-19). — 21. Fabriques de cuivre et laiton.

Autres Commissions mixtes.

Commission mixte de l'industrie mécanique. — Commission mixte des constructions navales. — Commission mixte du bâtiment. — Commission mixte des métiers et professions diverses. — Commission de coordination entre les établissements industriels du gouvernement. — Conseil maritime national. — Conseil national mixte du travail dans les docks. — Conseil des voies de navigation fluviale. — Conseil industriel mixte de Guernesey. — 34 Comités de district du système Whitley.

II. — EN ALLEMAGNE

LA LOI DU 4 FÉVRIER 1920 SUR LES CONSEILS D'ENTREPRISES

Le *Bulletin du Ministère du Travail de France* (1) a publié une analyse de la loi allemande du 4 février 1920 qui institue les Conseils d'entreprise dans les établissements industriels et commerciaux, ainsi que dans les exploitations agricoles et forestières. L'analyse est précédée d'un aperçu historique sur l'institution.

D'après ce document, les premiers Conseils d'usine ont été créés librement par certains industriels avant 1890. En 1891, les Conseils d'usine ont été visés, au sujet des règlements d'atelier, par la loi modifiant le Code industriel, et les dispositions dont il s'agit ont été maintenues dans la loi, en 1900, lors de la refonte du Code industriel. En Prusse, la loi du 14 juillet 1905 sur les mines, appliquée ensuite dans plusieurs autres États allemands, rendit obligatoire, dans les mines occupant plus de 100 ouvriers, la création de Comités ouvriers ayant pour mission de « veiller au maintien des bonnes relations entre patrons et ouvriers, ainsi que de formuler les revendications des travailleur en co qui concerne l'administration de l'entreprise, les conditions du travail et les institutions de prévoyance de la mine ».

---

(1) Numéro d'avril-juin 1921, page 213. — Voir aussi : Etudes et documents du Bureau international du travail : Série B, n° 6, et Série législative 1920, Allemagne, n° 1-2.

Pendant la période révolutionnaire qui suivit l'armistice, des Conseils d'entreprise s'organisèrent un peu partout et leur action souleva de nombreux conflits. A la suite de la grève générale qui se produisit à Berlin en février 1919, le Gouvernement allemand dut se déclarer favorable aux Conseils d'entreprise par ordonnance du 4 mars 1919. Reconnue par la Constitution du 11 août 1919, l'institution fut organisée par la loi du 4 février 1920 dont voici les dispositions essentielles :

Un Conseil d'entreprise doit être créé dans toute entreprise privée ou publique occupant au moins vingt personnes. La loi est applicable aux exploitations agricoles et forestières, mais seulement en ce qui concerne les travailleurs occupés d'une façon permanente.

Le Conseil d'entreprise constitue la représentation du personnel ouvrier ou employé auprès de l'employeur. Pour la constitution de chaque Conseil sont électeurs tous les salariés des deux sexes âgés de 18 ans. Sont éligibles les électeurs de nationalité allemande âgés de 24 ans et, en règle générale, appartenant à l'entreprise depuis six mois et à la profession depuis trois ans. Le nombre des membres de chaque Conseil peut varier entre 3 et 30, selon l'importance du personnel. La durée du mandat est d'un an. Le président du Conseil d'entreprise ou son suppléant représente le Conseil dans ses rapports avec l'employeur ou devant l'Office de conciliation.

La loi ne définit pas très nettement les attributions des Conseils d'entreprise. L'article 69 stipule qu'ils n'ont pas le droit de s'ingérer directement dans l'administration des entreprises. Leurs fonctions consistent plutôt à négocier avec la direction en laissant à celle-ci le soin d'exécuter les accords intervenus. Aux termes de l'article 66, le Conseil d'entreprise peut notamment : assister la direction de l'entreprise de ses conseils et coopérer avec elle de façon à atteindre le niveau le plus élevé et la plus grande production possible ; contribuer à introduire de nouvelles méthodes de travail ; préserver l'entreprise de tout désordre, en particulier de tout conflit et, lorsque les négociations n'ont pu aboutir à un accord, faire appel à l'Office de conciliation ou à quelque autre organe de conciliation et d'arbitrage agréé par convention ; veiller à l'exécution des sentences rendues ; amener un accord avec l'employeur aux termes des conventions collectives qui peuvent exister ; favoriser l'entente entre les salariés et entre ceux-ci et l'employeur et défendre la liberté d'association des salariés ; recevoir les réclamations du personnel et contribuer à les aplanir par des négociations avec l'employeur ; encourager la lutte contre les risques de maladie et d'accidents, stimuler et aider les inspecteurs du travail, concourir à l'application des règlements de police et des mesures de protection contre les accidents ; collaborer à l'administration des caisses de retraite, des logements attachés à l'entreprise et des divers aménagements affectés au bien-être général.

Les articles 70 et 71 donnent, sinon aux Conseils d'entreprise, du moins aux Comités peu nombreux désignés par les Conseils, des droits plus importants. Ledit Comité peut demander à l'employeur communication de toutes transactions concernant le travail et l'activité des salariés, les livres de paie et tous documents relatifs à l'exécution des conventions collectives. L'employeur est tenu de présenter au Comité un rapport trimestriel sur la situation et la marche de l'industrie ainsi que sur le rendement de l'entreprise et sur le travail à prévoir. Dans les entreprises occupant plus de 300 ouvriers (ou plus de 50 employés), le Comité peut demander chaque année que le bilan et le compte détaillé des profits et pertes lui soient soumis ; les membres du Comité sont tenus de garder le secret.

Dans les entreprises dirigées par un Conseil d'administration, deux membres du Conseil d'entreprise ont le droit de siéger avec voix délibérative au Conseil d'administration. L'article 70 stipule d'ailleurs qu'une loi spéciale réglera les conditions de cette représentation des délégués du personnel dans les Conseils d'administration ; cette loi n'a pas été votée jusqu'ici.

Dans les grandes entreprises, il peut exister un conseil distinct pour chaque section technique de l'entreprise. Outre les attributions générales, ces conseils de groupe ont qualité pour fixer, d'accord avec l'employeur, les règles générales applicables à l'embauchage et au renvoi du personnel. Ils n'ont le droit d'intervenir qu'en cas de violation des règles ainsi fixées. En cas de désaccord, l'affaire est tranchée par le Comité de conciliation du district ou tout autre arbitre accepté par les parties.

Le personnel de toute entreprise peut être convoqué en assemblée générale sur l'initiative du Conseil ou sur la demande de l'employeur. L'employeur ne peut assister à une séance du Conseil d'entreprise que s'il a été invité par ce dernier ou si la séance a été convoquée sur sa demande.

La loi n'affecte en rien « le droit des syndicats ouvriers et d'employés à représenter et défendre les intérêts professionnels de leurs membres. » Elle prévoit que, sur la demande d'un quart des membres d'un Conseil, un représentant du syndicat intéressé peut assister, à titre consultatif, aux séances dudit Conseil.

La loi du 4 février 1920 a donné lieu, avant et pendant la discussion au Reichstag, comme depuis sa promulgation, à des mouvements d'opinion très importants, soit dans le monde patronal, soit dans le monde ouvrier. Comme fait saillant, il faut citer le premier Congrès des Conseils d'entreprises qui s'est tenu à Berlin le 5 octobre 1920, et qui ne comptait pas moins de 1.100 délégués. Ceux-ci ont été élus dans chaque industrie, sous l'influence directe des syndicats ouvriers. Le Congrès s'est prononcé contre les méthodes d'action proposées par les éléments communistes et pour les méthodes soutenues par la Fédération générale des syndicats allemands (1).

III. — EN ITALIE

LE PROJET DE LOI DU GOUVERNEMENT (2)

La participation des travailleurs à la gestion des entreprises industrielles a été posée, en Italie, au cours de l'année 1919, sous la forme d'un contrôle des usines par les délégués des syndicats ouvriers. Le mouvement s'est surtout développé dans les centres industriels du nord

---

(1) Dans le document du 29 janvier 1921, le Bureau international du travail analyse sommairement les lois sur les Conseils d'entreprise qui ont été récemment promulguées dans plusieurs autres pays ; en Autriche, la loi du 17 mai 1919 ; en Tchéco-Slovaquie, la loi promulguée peu de temps après la loi allemande ; en Norvège, la loi du 23 juillet 1920 ; au Luxembourg, les arrêtés des 26 juillet et 8 octobre 1920.

(2) Pour renseignements complets sur le projet de loi et sur les travaux préparatoires, voir la publication suivante du Bureau international du Travail : Etudes et Documents, série B, n° 7 (28 février 1921).

de l'Italie et en particulier dans les industries des
métaux. Devant la résistance des employeurs, un mouvement révolutionnaire, activement soutenu par le parti
communiste, atteignit son maximum d'intensité entre
juillet et septembre 1920. Les ouvriers ont envahi les
usines, chassé les patrons et les ingénieurs, puis ils ont
essayé d'assurer eux-mêmes la marche des entreprises.
Le gouvernement italien dut intervenir, d'abord pour
rétablir l'ordre et protéger les personnes, ensuite pour
essayer de trouver une solution au problème posé.

Un décret du 19 septembre 1920 a constitué une commission mixte de douze membres : six désignés par la
Confédération générale des patrons et six par la Confédération générale des ouvriers. Aux termes du décret, la
commission était chargée de préparer « un projet de loi
organisant les industries sur la base de l'intervention
des ouvriers dans le contrôle technique, financier et
administratif des entreprises ».

Les deux éléments de la commission mixte ne purent
aboutir à un accord et finalement deux projets furent
remis au gouvernement, l'un par les représentants des
patrons et l'autre par les représentants des ouvriers.

Le projet ouvrier maintenait le principe du contrôle
de chaque industrie et de chaque usine par des délégués
élus par les syndicats ouvriers. Il instituait, dans chaque
groupe d'industries, une commission de contrôle dont
les membres seraient élus par les contrôleurs syndicaux
des divers établissements de ce groupe d'industries. Il
instituait, en outre, une commission supérieure de contrôle pour l'ensemble des industries.

Le projet patronal admettait le principe du contrôle
dans les termes suivants : « Il est désirable que, pour

chaque catégorie d'industries, une commission nationale de contrôle soit nommée, dans laquelle les employeurs et les travailleurs (employés et ouvriers) soient également représentés, les représentants étant nommés par leurs organisations respectives, sur une base proportionnelle... Il est opportun que... l'État soit également représenté dans la commission de contrôle ».

Parmi les attributions proposées par le projet patronal, pour la commission de contrôle de chaque catégorie d'industries, il convient de citer : contrôler régulièrement les salaires, les horaires et les conditions générales du travail dans l'industrie, notamment en rapport avec le coût de la vie ; améliorer les conditions d'hygiène des travailleurs ; étudier les questions économiques et financières intéressant l'industrie (douanes, transports, marchés intérieurs et extérieurs, prix de vente, changes, crédits, impôts, taxes, etc.) ; contrôler les lois d'assurance sociale contre les accidents, l'invalidité, la vieillesse, le chômage ; coopérer avec les commissions de contrôle des autres industries.

D'après le projet patronal, il conviendrait de créer, dans chaque catégorie d'industries, des commissions régionales de contrôle et, d'autre part, un conseil général des industries afin de coordonner l'action des commissions nationales de contrôle des diverses branches industrielles.

'e projet patronal admettait enfin que « on pourrait étendre à toutes les industries, là où cela paraîtrait opportun, l'institution des commissions intérieures qui fonctionnent actuellement dans les établissements et les industries de certaines régions ». Ces commissions intérieures (ou commissions d'usines) seraient chargées de traiter avec la direction de l'usine : les questions intéressant la collectivité du personnel et les réclamations individuelles portant sur l'interprétation ou l'application du règlement et ayant un caractère évident d'intérêt général ; les questions relatives au bien-être matériel des ouvriers ; le stage des apprentis ; les propositions concernant l'amélioration des méthodes et de l'organisation du travail ; l'examen des circonstances qui tendent à réduire l'efficacité du travail et mettent obstacle au rendement de la main-d'œuvre ; le mode de paiement des salaires ; la répartition des heures de travail, des périodes de repos et de l'enregistrement des ouvriers.

En résumé, le projet ouvrier instituait un contrôle des usines et des industries par les seuls représentants de l'une des parties, les ouvriers, et ces représentants devaient être élus par les adhérents des syndicats ouvriers. Le projet patronal acceptait le contrôle à la condition qu'il soit exercé : 1° dans chaque usine, par la commission intérieure, avec des attributions limitées ; 2° dans chaque catégorie d'industries, par une commission mixte comprenant trois éléments : des représentants des patrons, des représentants des ouvriers et employés et des représentants de l'Etat. Le projet admettait d'ailleurs que les représentants des patrons et ceux des ouvriers seraient désignés par leurs organisations respectives, c'est-à-dire par les syndicats patronaux et par les syndicats ouvriers. Il convient de noter que le projet patronal n'admet aucune ingérence des représentants des ouvriers dans la gestion financière des usines.

En présence de ces deux projets, le gouvernement dut arbitrer les oppositions de principe et les divergences de vues afin d'aboutir à un projet unique. Le 9 février 1921, il déposa sur le bureau de la Chambre des députés un projet de loi dont on peut résumer comme suit les dispositions essentielles, qui sont assez compliquées.

Le projet de loi institue des organismes de contrôle des diverses industries. A cet effet, les industries sont réparties en onze groupes généraux : industries métallurgiques et mécaniques ; industries textiles et du vêtement ; industries chimiques ; fabrication des denrées alimentaires, etc. (art. 2).

Dans chaque groupe d'industries, il est créé :

Une commission de contrôle de neuf membres dont six membres élus par les ouvriers et trois membres élus par les ingénieurs, employés et chefs techniques. Sont électeurs, tous les ouvriers majeurs appartenant au groupe d'industries. Les syndicats ouvriers, dit le projet, pourront présenter une liste de candidats (art. 3.)

Il importe de noter que les six membres ouvriers de chaque commission de contrôle doivent être élus, non par les syndicats ouvriers. mais par les ouvriers eux-mêmes.

Dans chaque groupe d'industries, il est également créé une représentation des industriels comprenant neuf membres élus.

Dans chaque groupe industriel. deux membres de la représentation patronale pourront assister aux séances de la commission de contrôle ouvrière, mais ils n'auront pas le droit de vote ; de même, deux membres de la commission ouvrière pourront assister aux séances de la représentation patronale sans avoir le droit de vote (art. 6 et 7.)

La représentation patronale est chargée de traiter avec la commission de contrôle ouvrière et d'imposer aux industriels particuliers l'observation des obligations prescrites dans le projet de loi et les règlements établis pour l'application de la loi (art. 7.)

La commission de contrôle ouvrière déléguera, dans chaque établissement industriel, deux ouvriers ou plus, selon l'importance de l'établissement, qui seront chargés d'y exercer le contrôle et de faire rapport à la commission. Ces délégués seront choisis parmi les travailleurs majeurs de l'établissement qu'ils seront chargés de contrôler et de préférence parmi ceux qui comptent au moins trois années de service (art. 4.)

La commission de contrôle a le droit de se procurer, par l'entremise de ses délégués dans chaque établissement industriel, les renseignements lui permettant de connaître : *a*) le coût des matières premières ; *b*) les prix de revient de la production ; *c*) les méthodes administratives ; *d*) les méthodes de production, à l'exception de toutes informations relatives aux secrets de fabrication ; *e*) les salaires payés aux ouvriers ; *f*) le mode de constitution du capital ; *g*) les bénéfices des entreprises ; *h*) l'observation des lois de protection ouvrière et des règlements relatifs au recrutement et au renvoi des ouvriers. Les renseignements de caractère financier et commercial ne doivent être communiqués que lorsqu'ils concernent des opérations déjà accomplies (art. 5.)

Les articles 9, 10 et 11 du projet donnent une solution aux questions portant sur l'embauchage et sur le renvoi du personnel, ainsi que sur l'organisation du placement des travailleurs dans les centres industriels.

Les dispositions du projet de loi ne sont pas applicables : 1° aux établissements industriels occupant moins de 60 ouvriers ; 2° aux établissements nouvellement créés pendant les quatre premières années de leur exploitation ; 3° aux établissements industriels exploités par l'État ou par les municipalités (art. 2.)

Comme toutes les solutions transactionnelles, le projet de loi du gouvernement a soulevé de nombreuses critiques dans les deux camps, chez les employeurs comme chez les ouvriers. Il a été également très discuté par les économistes, la presse et les divers partis politiques. D'un autre côté, des élections générales pour le renouvellement de la Chambre ont eu lieu le 15 mai 1921 et la situation politique est depuis lors assez fortement modifiée.

A l'égard du projet de loi, on ne peut, à l'heure actuelle, que constater deux faits : d'une part, ce projet n'est pas encore venu en discussion devant la Chambre et l'on ne peut prévoir l'accueil que lui réservera le Parlement ; d'autre part, quel que soit cet accueil, la participation des travailleurs à la gestion des entreprises industrielles est posée, en Italie, sous la forme assez rigoureuse d'un contrôle des actes de la direction des entreprises et des résultats de la gestion de celles-ci par des représentants élus du personnel ouvrier et employé.

IV. — ASSOCIATION INTERNATIONALE POUR LA PROTECTION LÉGALE DES TRAVAILLEURS

UNE ENQUÊTE SUR LES CONSEILS D'ENTREPRISES

L'Association a tenu une assemblée générale à Genève, du 16 au 18 octobre 1921. Les sections nationales de 20 États industriels de l'Europe et de l'Amérique étaient représentées. Plusieurs gouvernements avaient envoyé un représentant.

La question des conseils d'entreprises figurait à l'ordre du jour. Elle n'a pas été étudiée au fond. En raison de l'importance et de la complexité du problème et des solutions très diverses qu'il est susceptible de recevoir, l'assemblée a voulu d'abord ouvrir une enquête sur les conseils d'entreprises, leur organisation, leur fonctionnement et leurs résultats. Afin de poser la question d'une façon précise, l'assemblée a tenu a arrêter elle-même les questionnaires de l'enquête. Elle a estimé qu'il y avait lieu d'établir deux questionnaires distincts : l'un pour les Etats, comme l'Allemagne, l'Autriche, la Norvège, qui ont déjà promulgué une loi sur les conseils d'entreprises ; l'autre pour les Etats qui n'ont pas encore de législation sur la matière : Grande-Bretagne, France, Italie, etc.

Les sections devront faire cette enquête avec diligence, car la question des conseils d'entreprises a été inscrite par l'assemblée de Genève en tête de l'ordre du jour des travaux de la prochaine assemblée.

TABLE DES MATIÈRES

RAPPORT

Pages

I. — Résumé des vœux adoptés en 1919............... 5

II. — Examen du vœu E (intervention du Conseil consultatif du travail)............................ 13

COMPTE RENDU DES DISCUSSIONS

Discussion du vœu E tendant à charger les Conseils consultatifs du travail de statuer sur les questions non réglées par les Comités mixtes 17

MM. Gavelle, 17, 19, 21, 26, 34, 36, 38, 39, 44; — Legouez, 18, 20, 26, 29, 38, 41, 42; — Fagnot, 18, 24, 27, 36, 39, 42, 43; — Borderel, 22, 33; — Lerolle, 22, 25; — Martin-Saint-Léon, président, 29, 36, 43, 44, 45; — Mme Brunswick, 40; — Mme Michel, 41; — Adoption du vœu E modifié, 45.

Discussion du vœu F relatif au régime applicable à certaines industries spéciales................... 46

MM. Fagnot, 46; — Legouez, 47; — Retrait du vœu proposé, 48.

Discussion du vœu G tendant à donner au système adopté un caractère facultatif pour les entreprises

Pages.

ordinaires et un caractère obligatoire pour les entreprises concédées ou subventionnées et pour les adjudicataires de marchés...................... 48

MM. Fagnot, 48, 52, 53, 56, 57, 58, 59, 60, 61, 66; — Legouez, 51, 53, 51, 55, 56, 58, 60, 62, 63, 64, 66; — Martin-Saint-Léon, président, 52, 53, 58, 59, 60, 61, 64, 65, 66; — Keufer, 51, 55, 56, 57, 61, 63, 64; — Adoption des paragraphes 1, 2, 3, 4 et 5, p. 65; — Adoption d'un amendement de M. Legouez, 66; — Suppression du paragraphe visant les adjudicataires de marchés, 66; — Suppression du 7e paragraphe, 66.

Discussion du paragraphe relatif à l'application du système dans les établissements industriels de l'Etat, des départements et des communes........ 66

MM. Fagnot, 66, 70, 71, 72; — Keufer, 67, 69, 71, 73; — Legouez, 67, 69, 71; — Arthur Fontaine, 69, 73; — Martin-Saint-Léon, président, 70, 72, 73; — Adoption du 8e paragraphe, 73; — Adoption d'une disposition additionnelle, 73.

Discussion du vœu II invitant les chefs d'entreprise à fonder des Comités mixtes, sans attendre le vote d'une loi sur la matière..................... 74

MM. Fagnot, 74, 75, 77; — Keufer, 74, 75, 76; — Arthur Fontaine, 74, 75, 76, 77; Legouez, 74, 75, 76, 77; — Martin-Saint-Léon, président, 77; — Adoption du vœu II.

Texte des vœux adoptés.......................... 79

DOCUMENTS ANNEXES

I. — En Grande-Bretagne. — Le développement des Conseils industriels mixtes. — Liste nominative des Conseils 87

Pages.

II. — En Allemagne. — Analyse de la loi du 4 février 1920 sur les Conseils d'entreprises....... 92

III. — En Italie. — Analyse du projet de loi du gouvernement................................... 96

IV. — Association internationale pour la protection légale des travailleurs. — Une enquête sur les conseils d'entreprises..................... 102

PUBLICATIONS DE L'ASSOCIATION NATIONALE FRANÇAISE
pour la protection légale des travailleurs

NOUVELLE SÉRIE

**En vente chez F. ALCAN, éditeur, 108, boulevard Saint-Germain
et Marcel RIVIÈRE, 31, rue Jacob**

I. *La réglementation du travail dans les usines à marche continue.* — Rapport de M. F. Fagnot, 1913. — Brochure, 1 fr. 50.

II. *La saisie-arrêt des salaires et traitements.* — Rapport de M. Ch. Guernier, 1913. — Brochure, 1 fr.

III. *Les accidents du travail survenus aux enfants âgés de moins de treize ans.* — Rapport de M. Henri Capitant, 1913. — Brochure, 1 fr.

IV. *La réglementation légale de la convention collective de travail.* — Rapport de M. Arthur Groussier, 1913. — Brochure, 1 fr. 50.

V. *La réglementation des conditions de sécurité et d'hygiène dans les chantiers de construction.* — Rapport de M. Bernard Décailly. Publication de la Section du Nord, 1913. — Brochure, 1 fr.

VI. *La deuxième Conférence officielle de Berne (Travail de nuit des jeunes ouvriers. — Journée de 10 heures).* — Rapport de M. A. Millerand, 1913. — Brochure, 1 fr.

VII. *Les dérogations au repos collectif du dimanche.* — Rapport de M. Paul Aubriot, 1914. — Brochure, 1 fr.

VIII. *Les veillées dans le commerce.* — Rapport de M. Charles Viennet, 1914. — Brochure, 1 fr.

IX. *La semaine anglaise. — Le Repos de l'après-midi du samedi.* — Rapport de M. Raoul Jay, 1915. — Brochure, 1 fr.

X. *La maternité ouvrière et sa protection légale en France.* — Rapport de Mᵐᵉ Paul Gemähling, 1915. — Brochure, 1 fr.

XI. *Le minimum de salaire dans l'industrie du vêtement. — La loi du 10 juillet 1915,* par M. Raoul Jay, 1915. — Brochure, 0 fr. 50.

XII. *Les actions en justice nées de la loi du 10 juillet 1915 sur le minimum de salaire.* — Rapport de M. Albert Tissier, 1916. — Brochure, 1 fr.

XIII. *L'application de la loi du 10 juillet 1915 sur le minimum de salaire.* — Rapport de M. Albert Tissier, 1917. — Brochure, 1 fr.

XIV. *La semaine anglaise dans l'industrie du vêtement. — La loi du 11 juin 1917,* par M. Raoul Jay, 1918. — Brochure, 0 fr. 50.

XV. *Les clauses du travail dans le traité de paix.* — Rapport de M. Justin Godart, 1919. — Brochure, 1 fr.

XVI. *La réglementation professionnelle du travail et le contrat collectif.* — Rapport de M. Jean Lerolle, 1919. — Brochure, 1 fr.

XVII. *La part du travail dans la gestion des entreprises*, rapport de M. F. FAGNOT, 1919.
— Brochure, 4 fr. 50.

XVIII. *La part du travail dans la gestion des entreprises*, 2ᵉ rapport de M. F. FAGNOT, 1921.
— Brochure, 3 fr. 50.

XIX. *Le projet de loi sur les assurances sociales*, rapport de M. Georges CAHEN-
SALVADOR, 1921. — Brochure, 3 fr. 50.

L'Association nationale française examine et discute dans ses réunions périodiques les questions de législation du travail à l'ordre du jour. Elle publie le compte rendu de ses discussions. Les publications sont servies aux membres de l'Association.

Sont membres de l'Association les personnes et les sociétés qui considèrent la législation protectrice des travailleurs comme nécessaire et adhèrent aux statuts de l'Association.

La cotisation annuelle est fixée à 15 francs. Elle est réduite à 5 francs pour les personnes ou les sociétés qui ne demandent pas à recevoir les publications de l'Association.

Les membres de l'Association nationale bénéficient d'une réduction de 25 % sur les abonnements aux publications du B. I. T. de Genève.

Les adhésions sont reçues par le secrétaire général de l'Association : M. Jean LEROLLE, 5, rue Las-Cases.

ORLÉANS. — IMP. DU LOIRET.

www.ingramcontent.com/pod-product-compliance
Ingram Content Group UK Ltd.
Pitfield, Milton Keynes, MK11 3LW, UK
UKHW022038170726
13837UKWH00002B/661